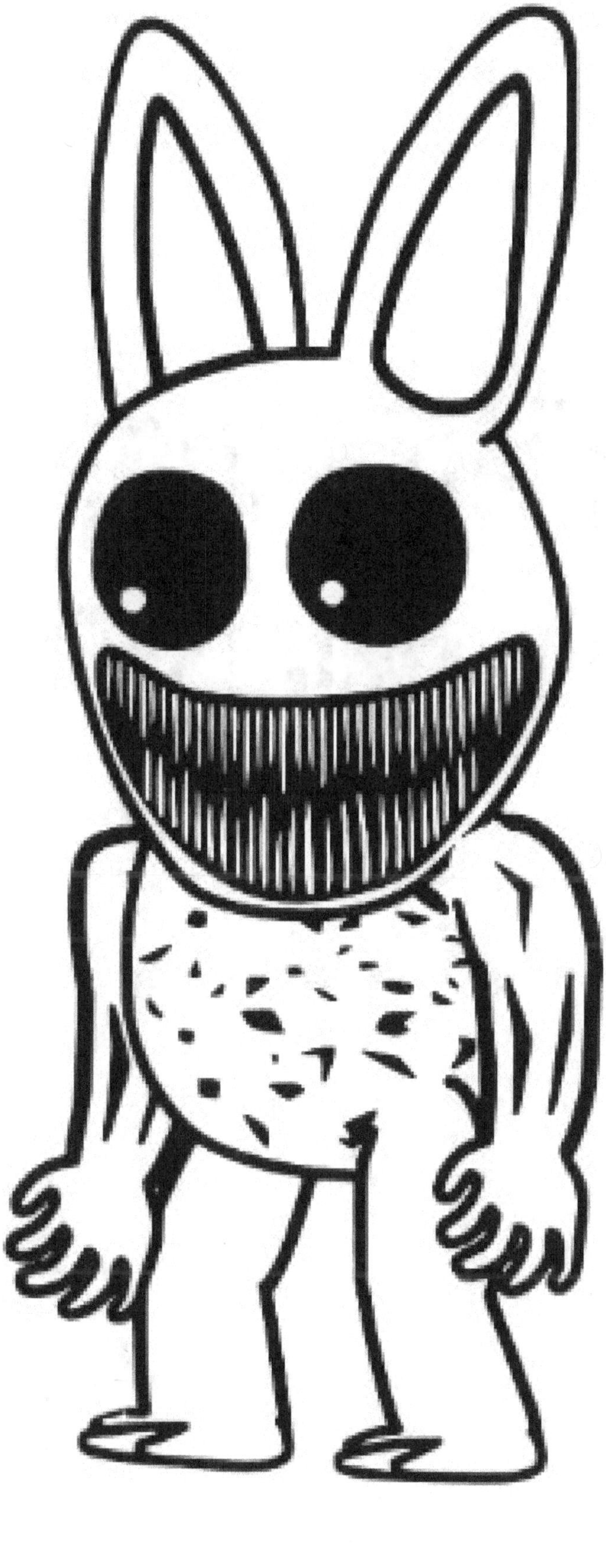

THIS BOOK BELONGS TO

....

ZOONOMALY

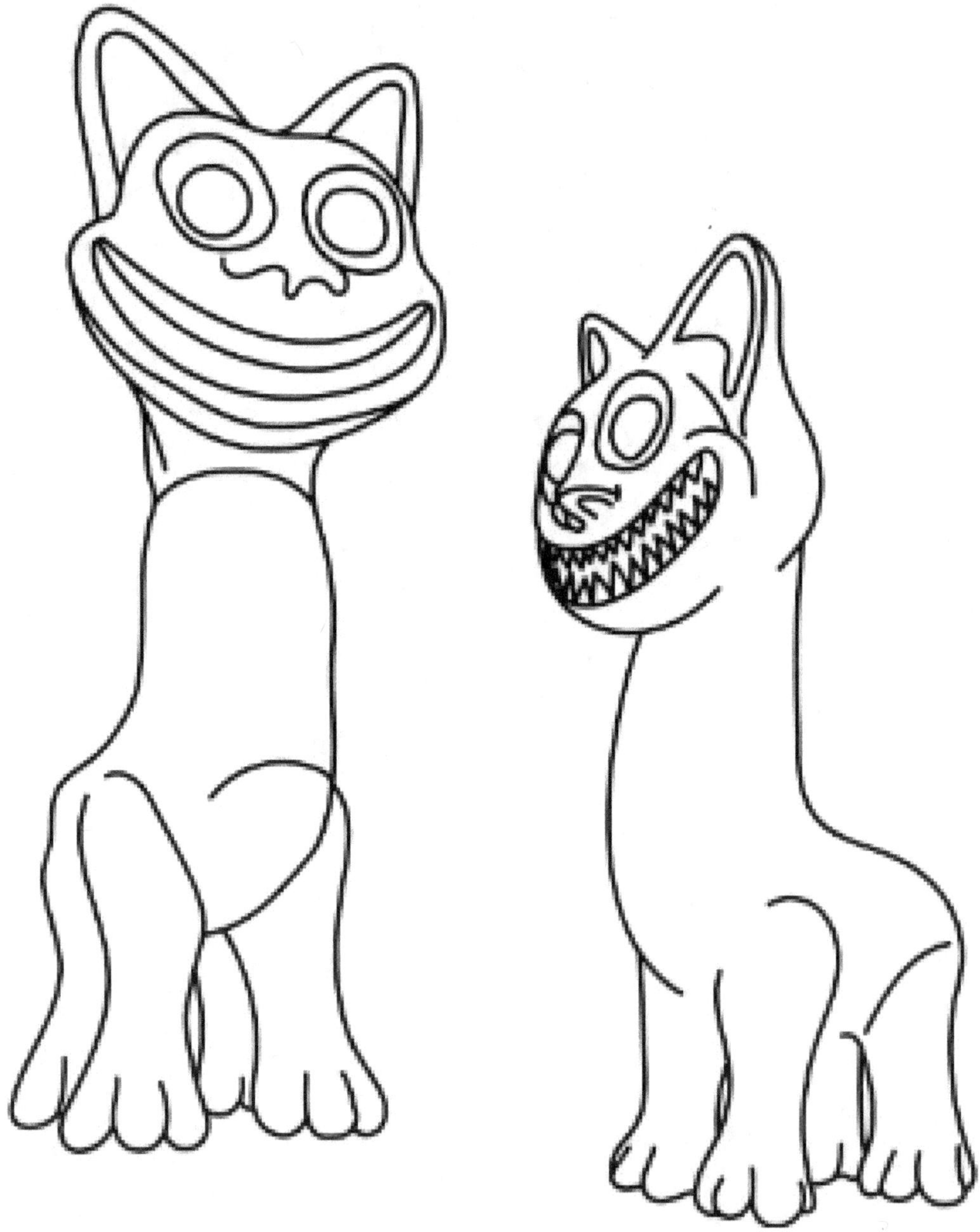

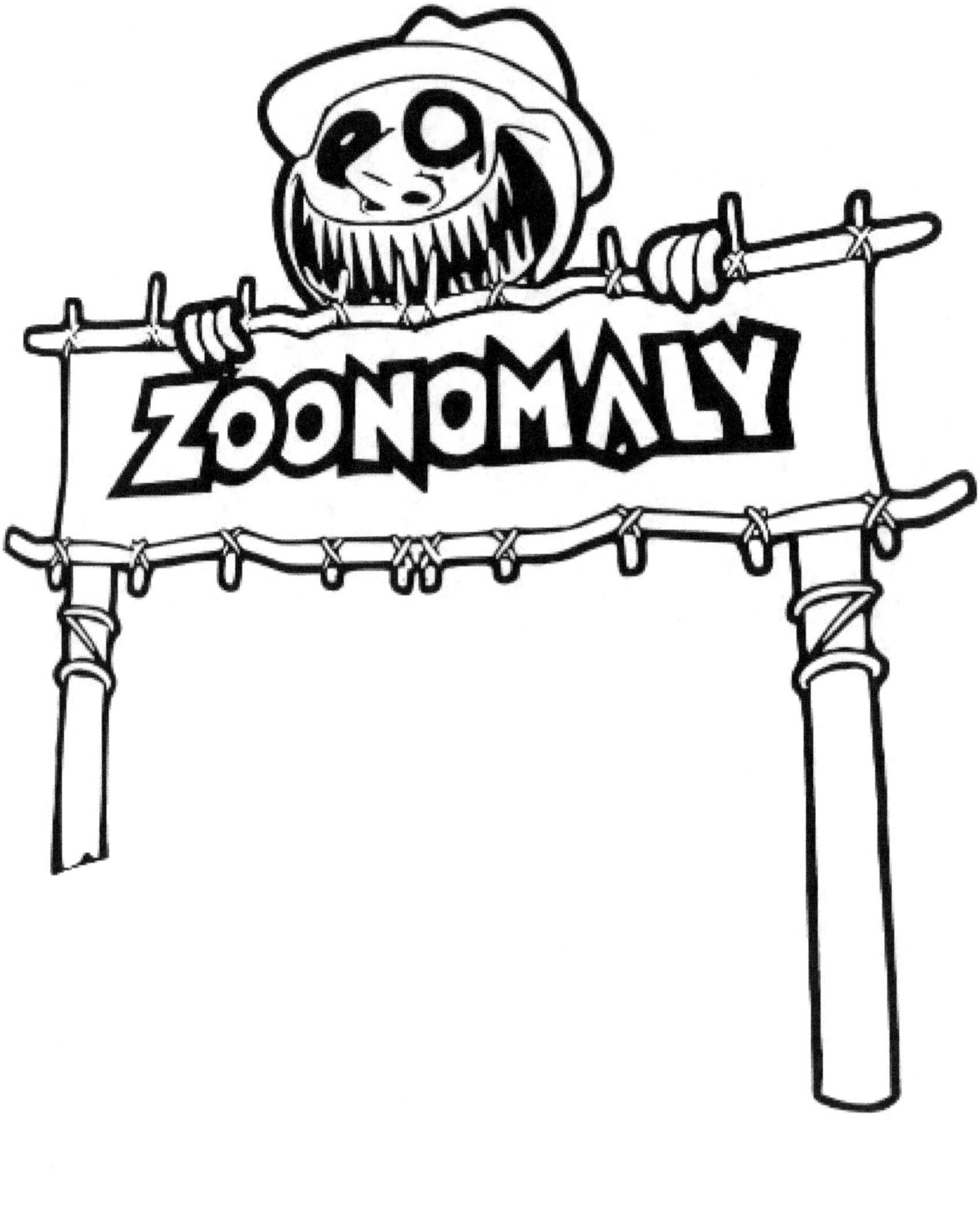
ZOONOMALY

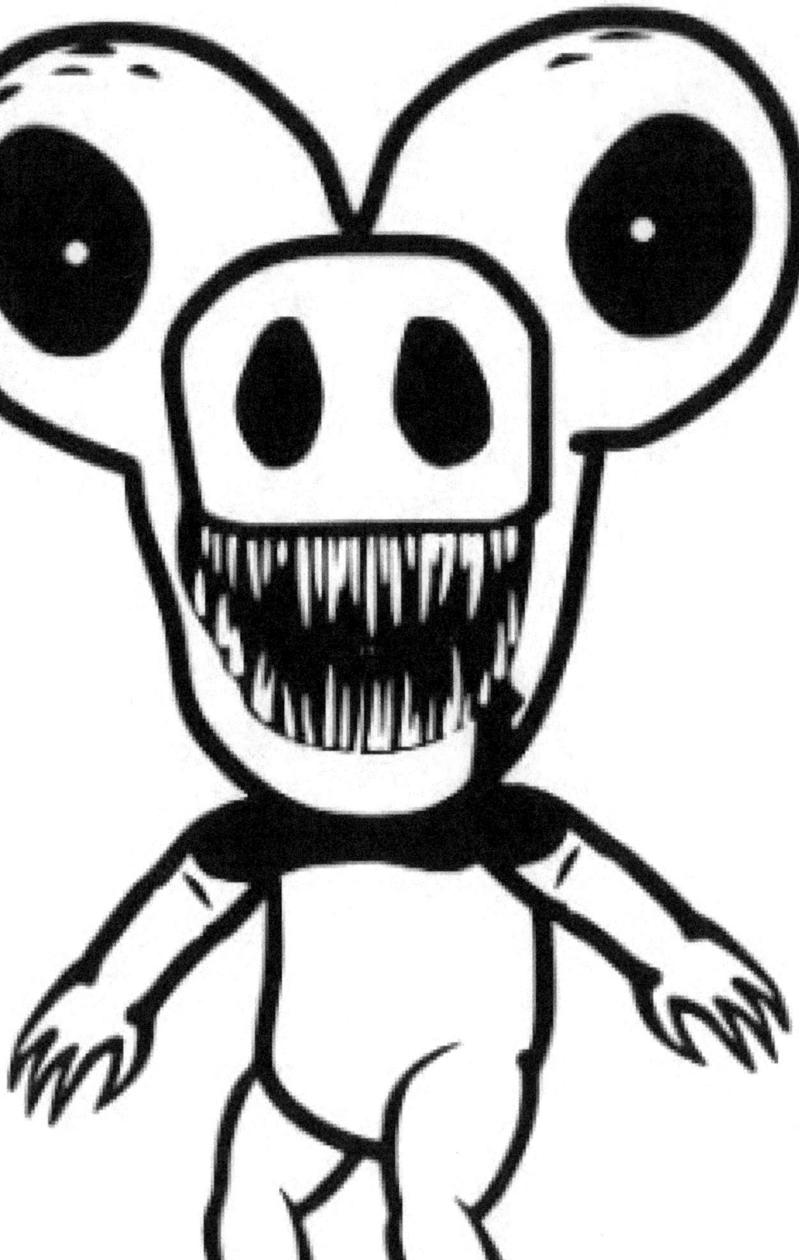

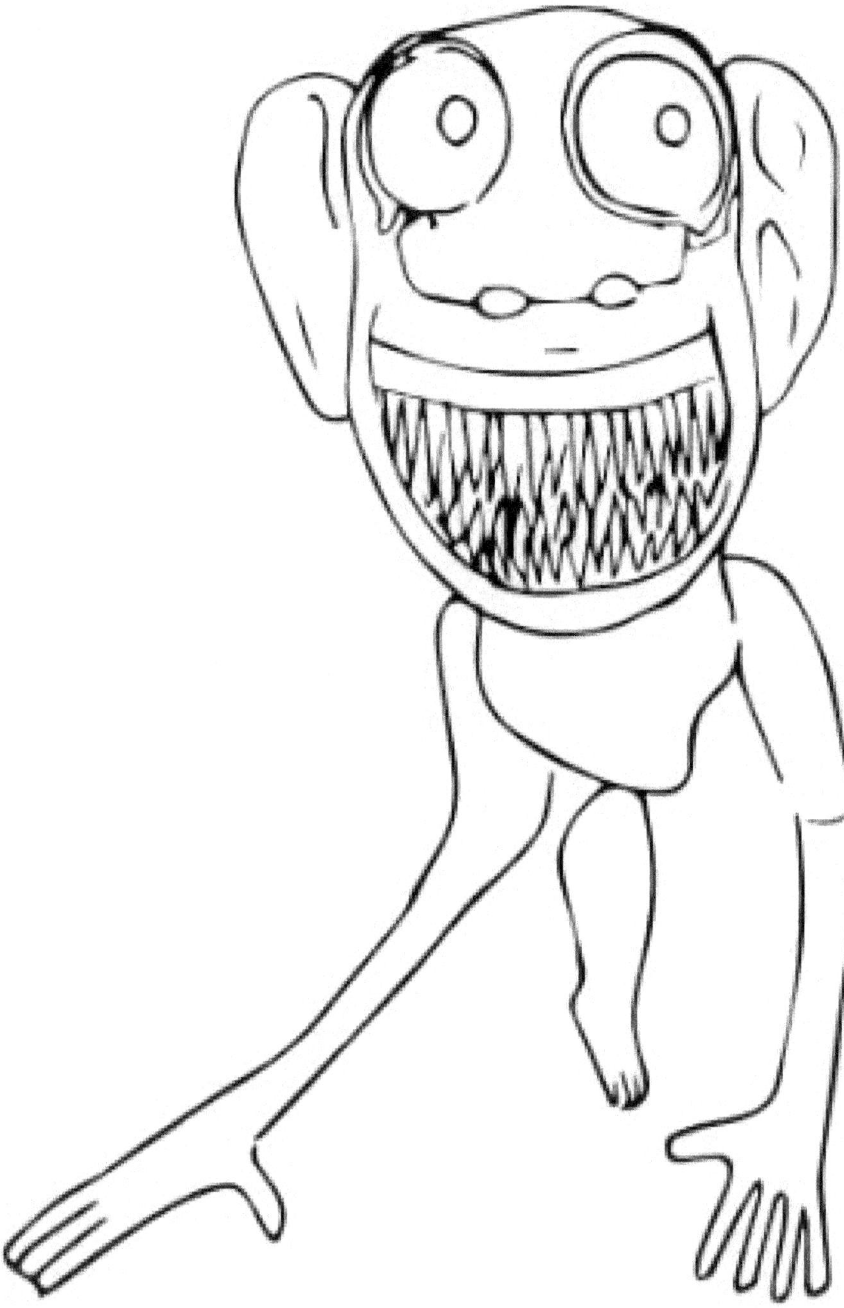

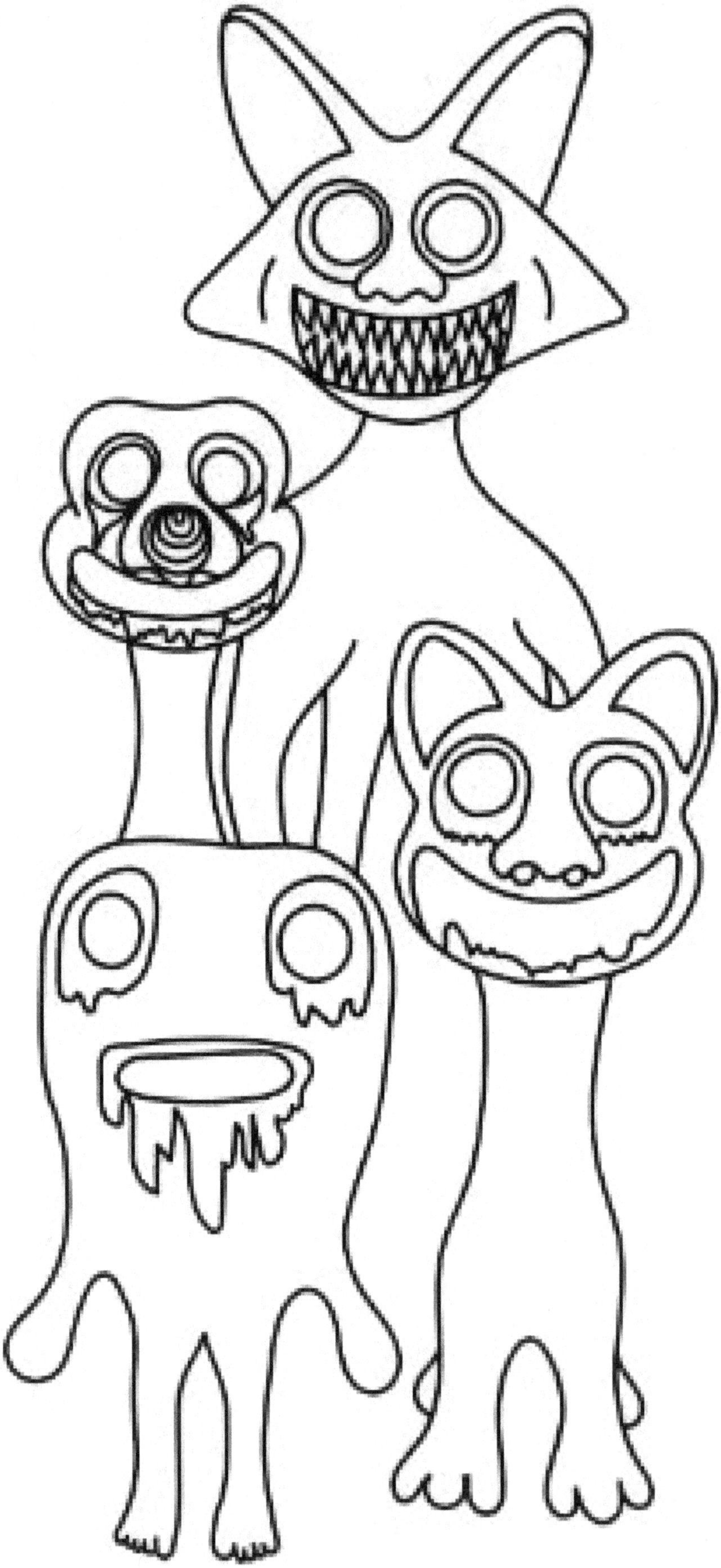

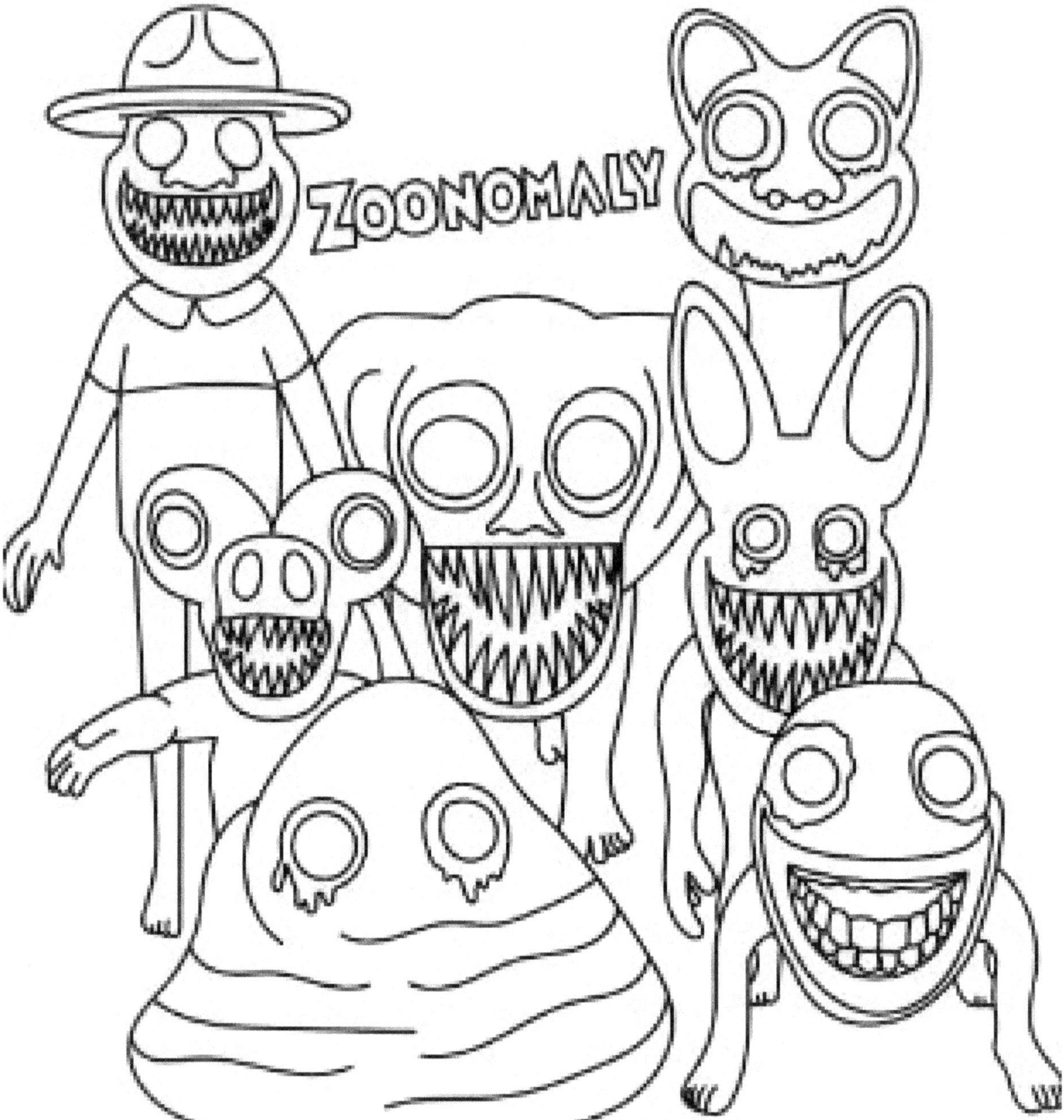
ZOONOMALY

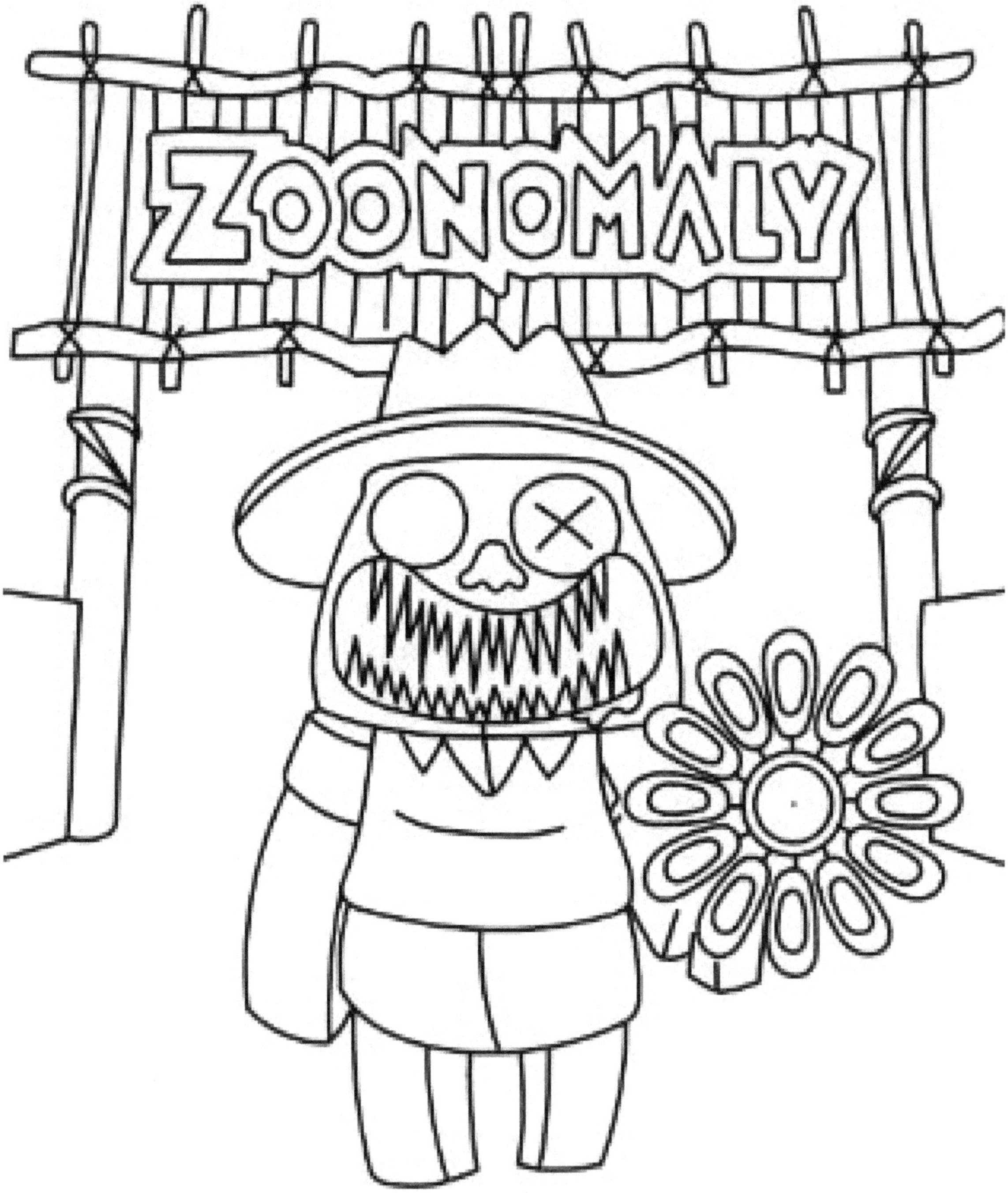
ZOONOMALY

ZOONOMALY

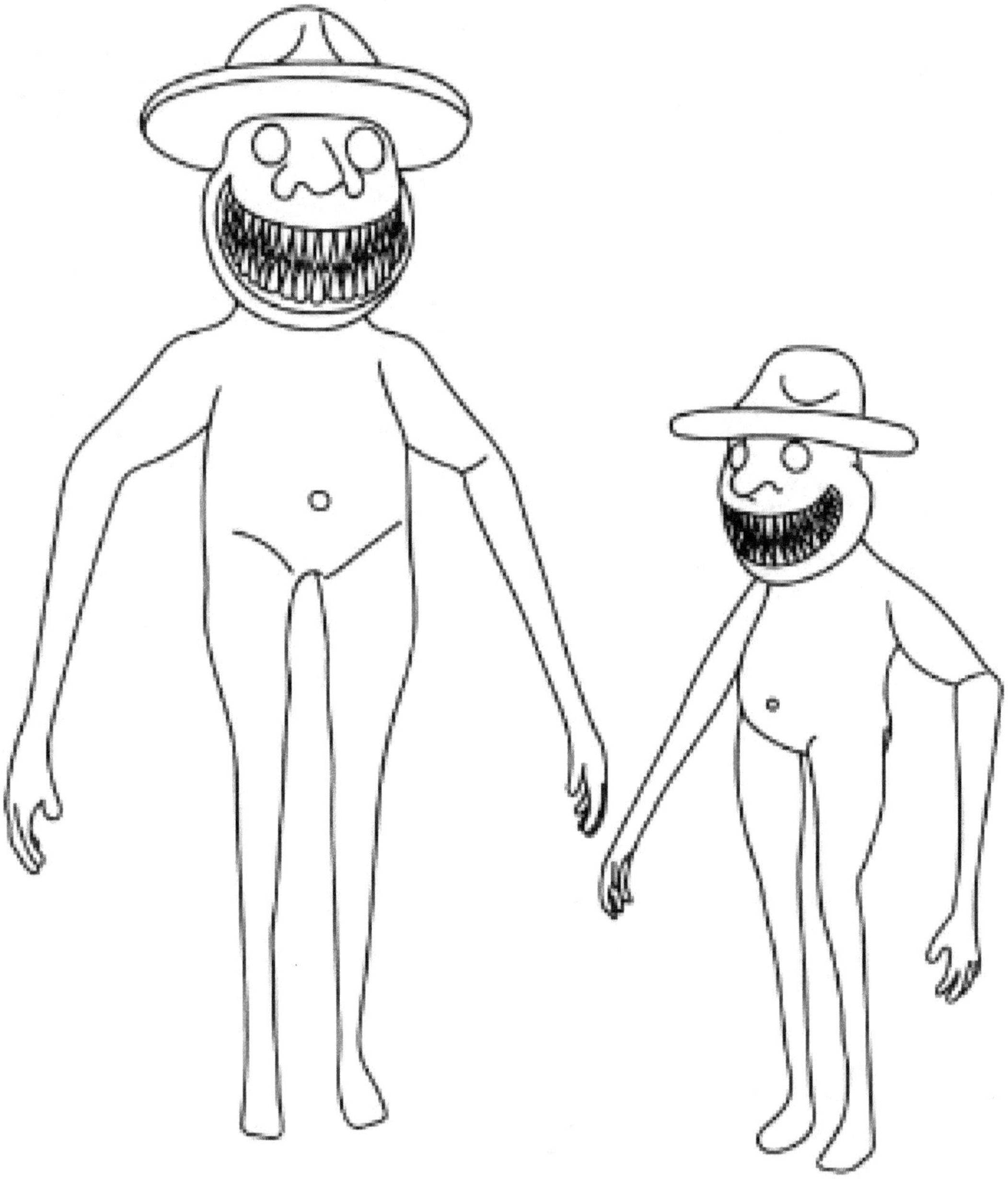

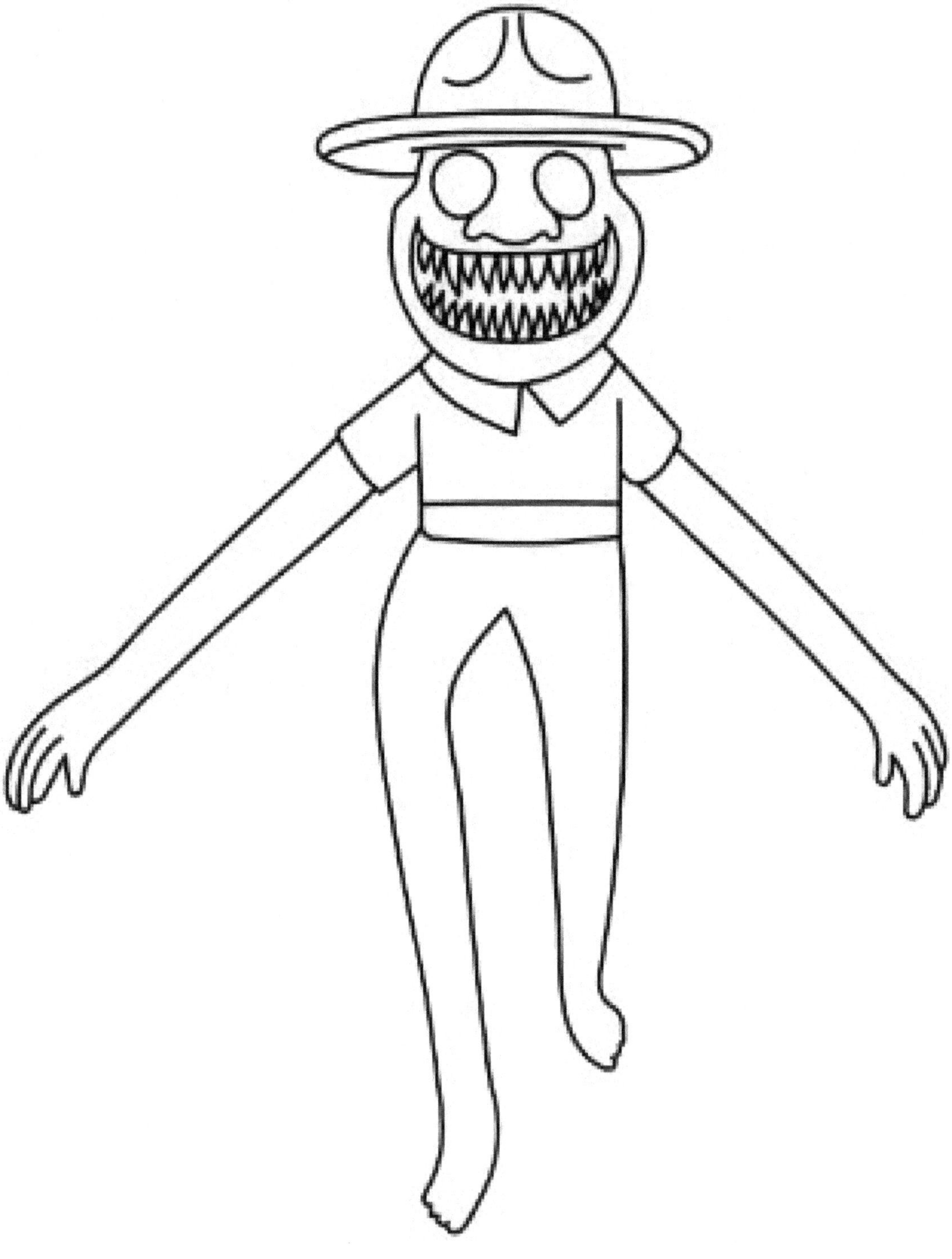

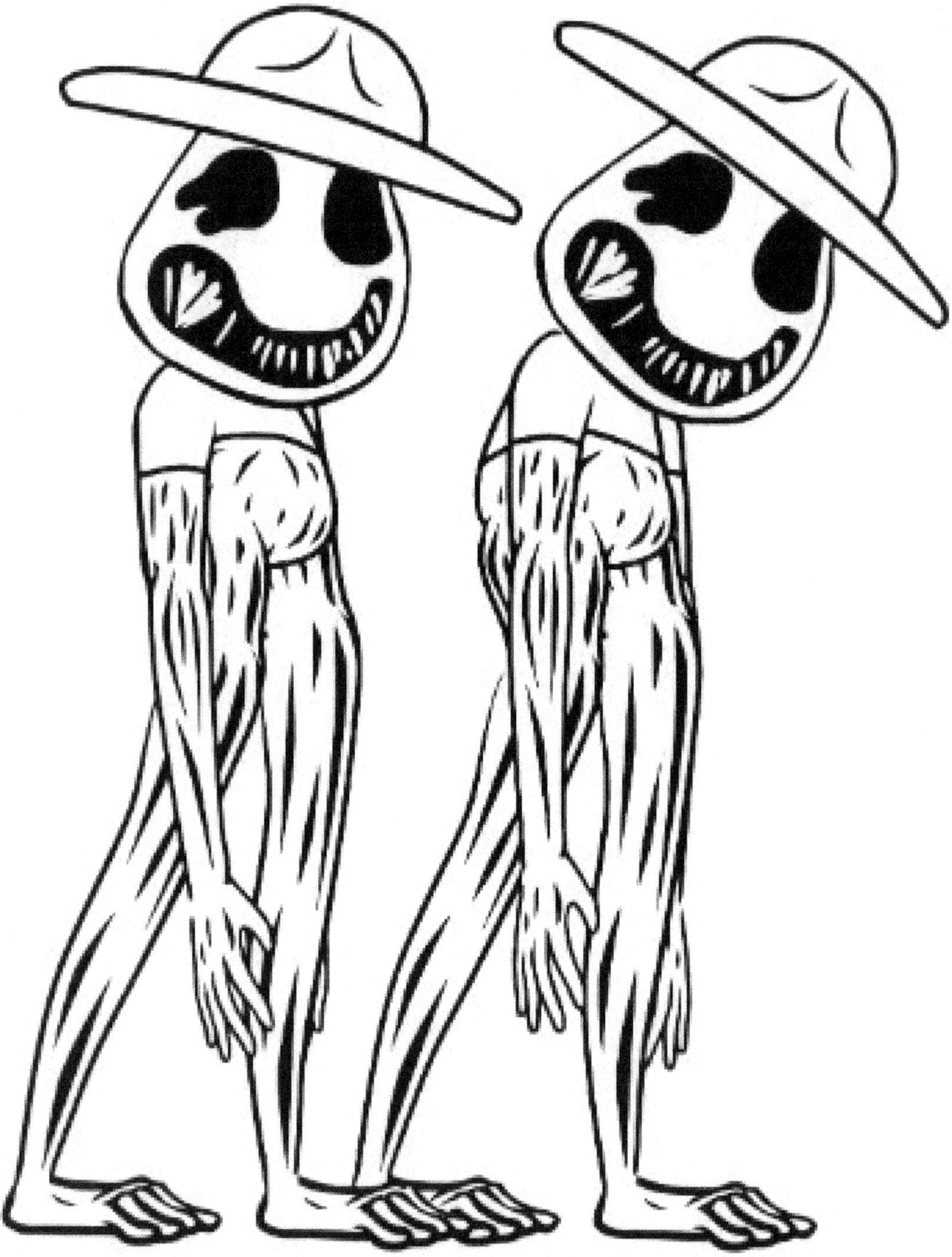

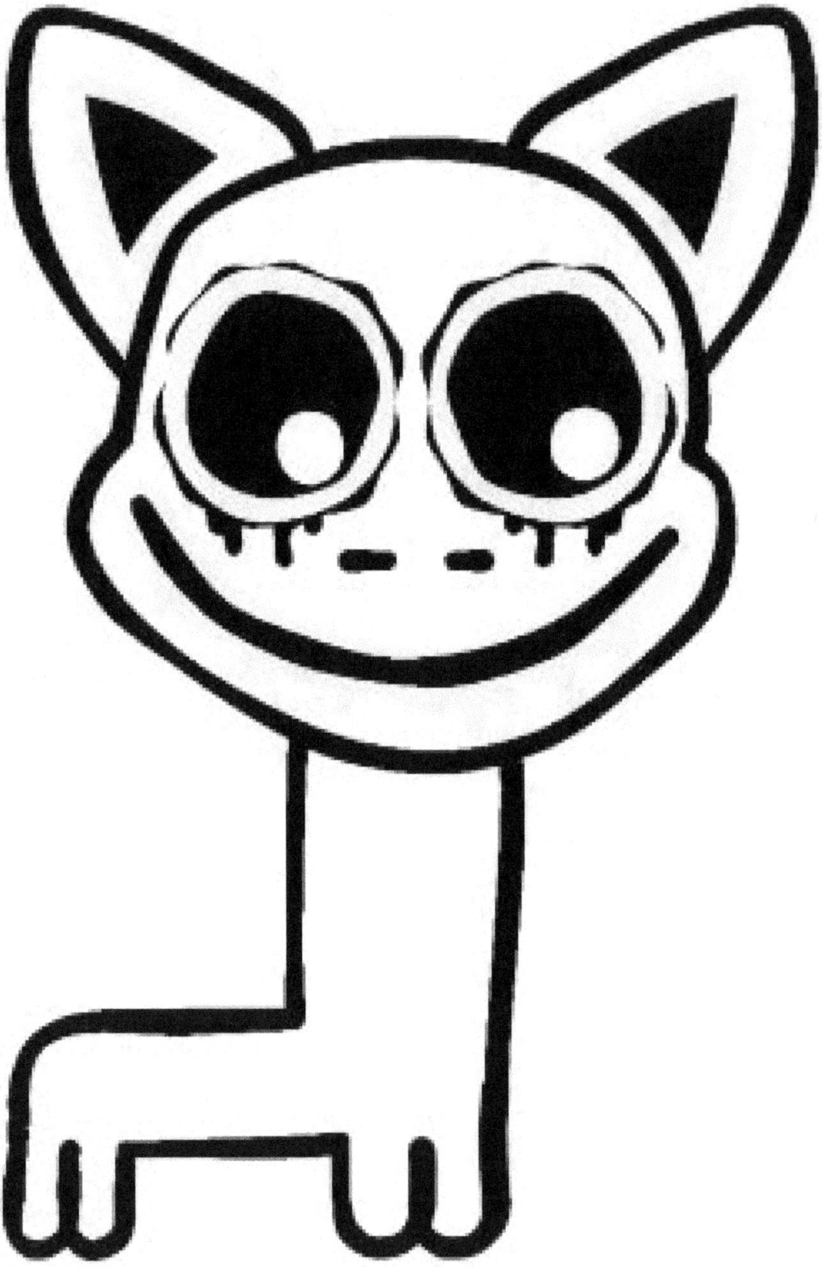

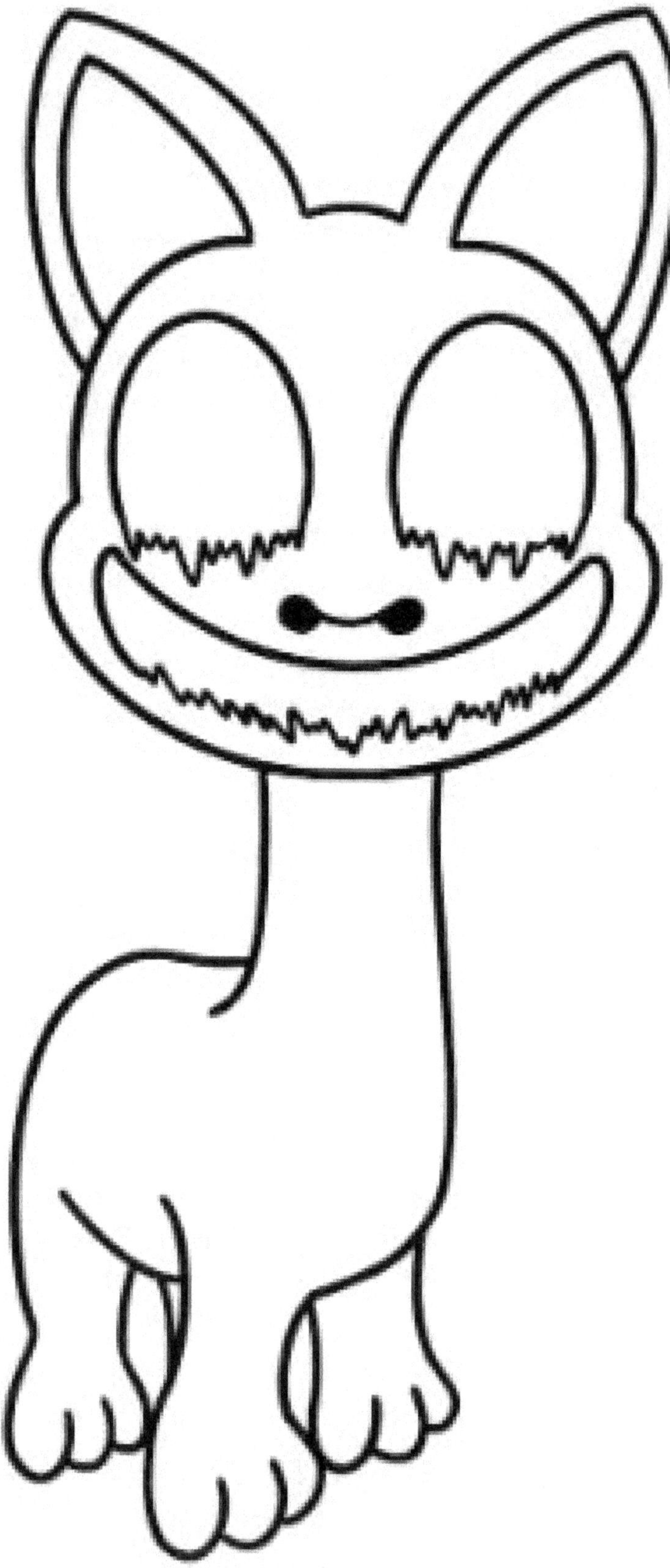

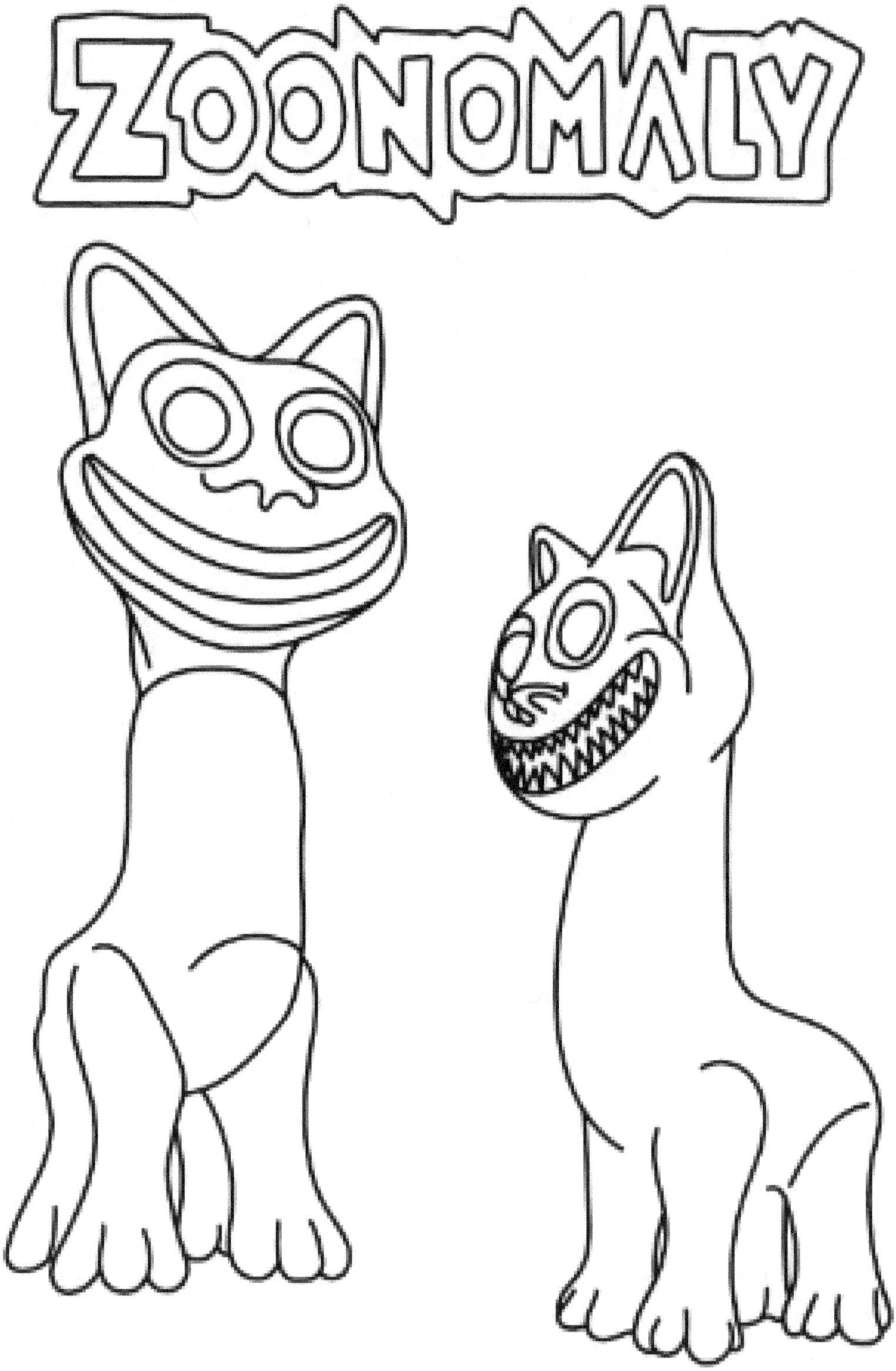
ZOONOMALY

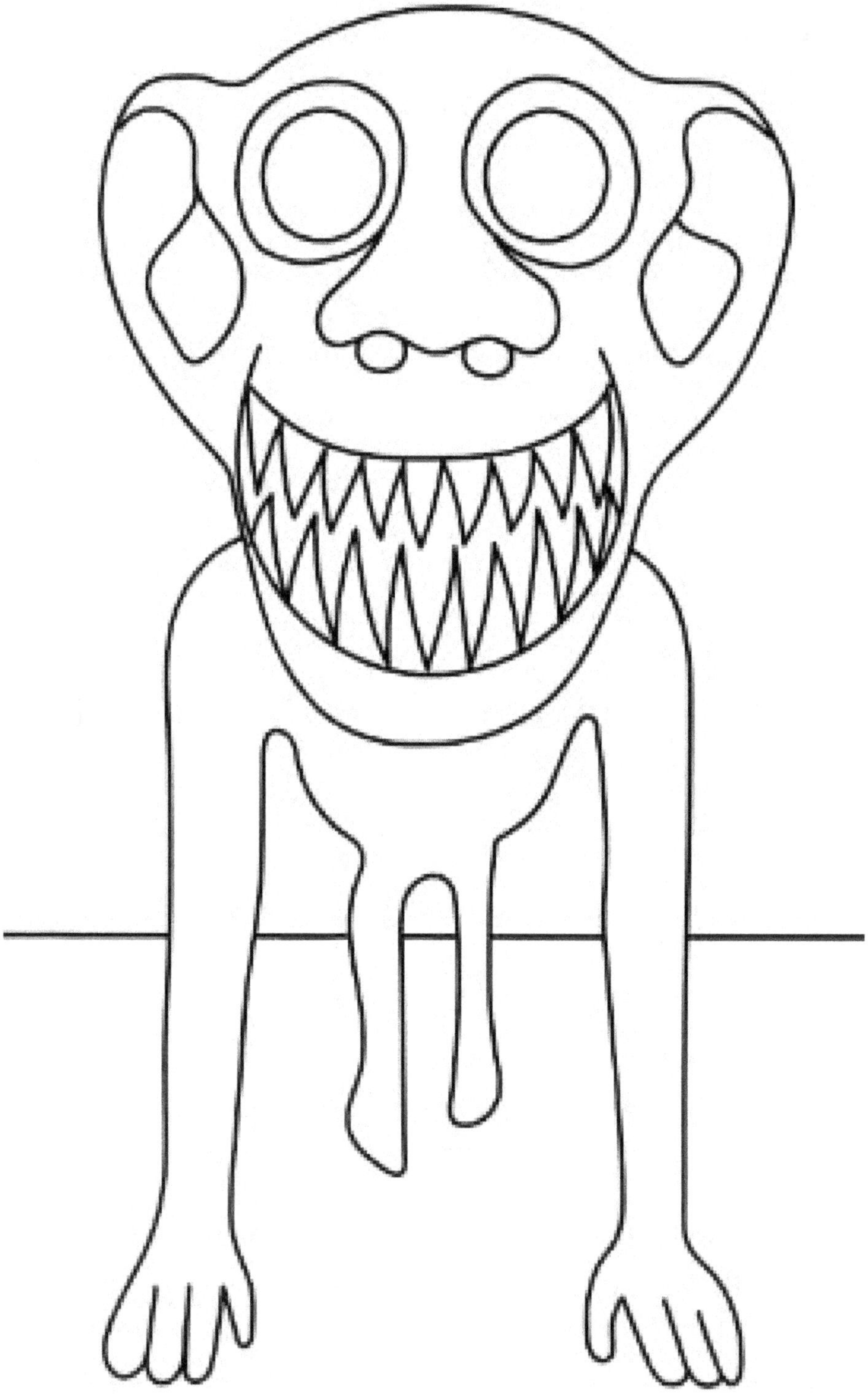

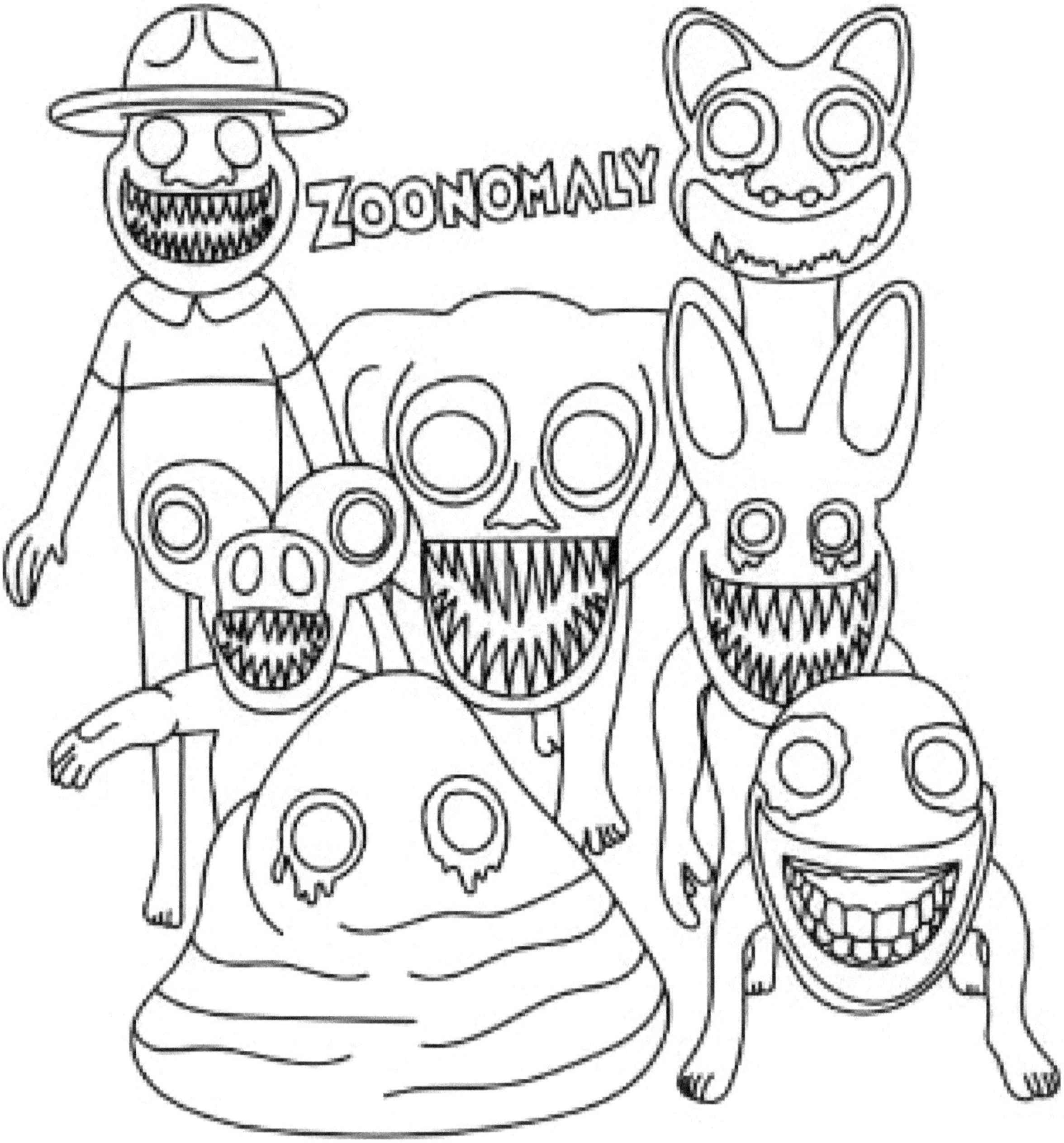
ZOONOMALY

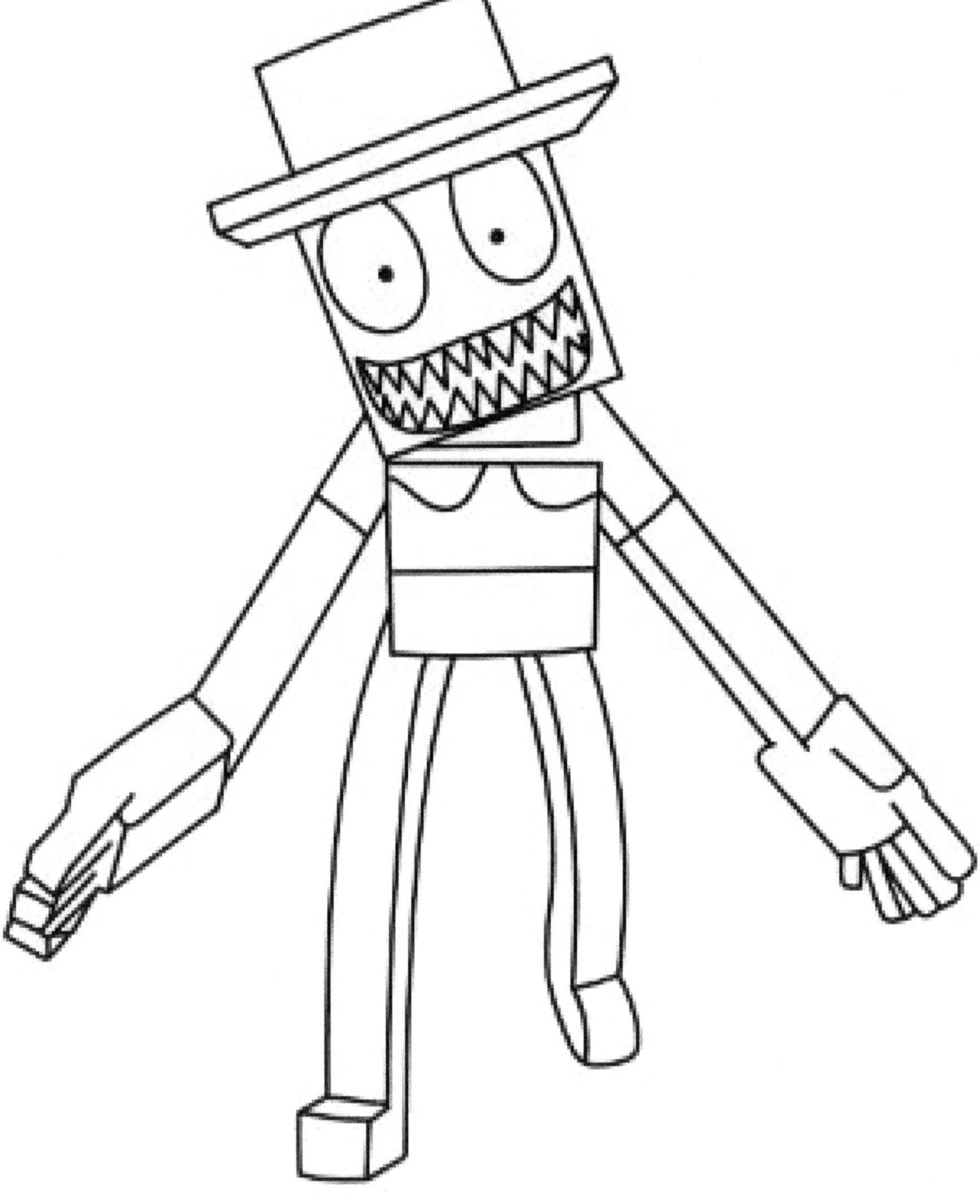

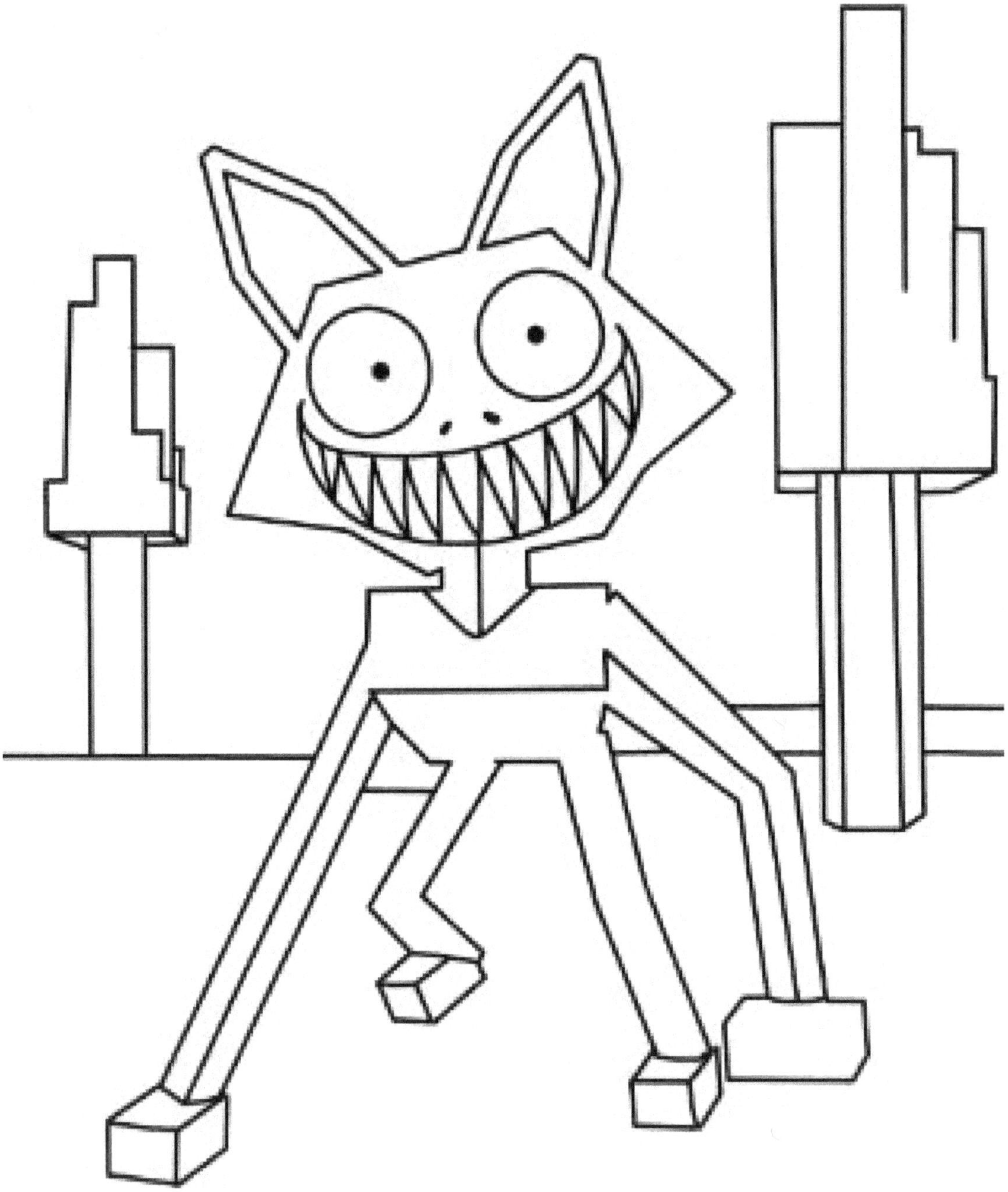

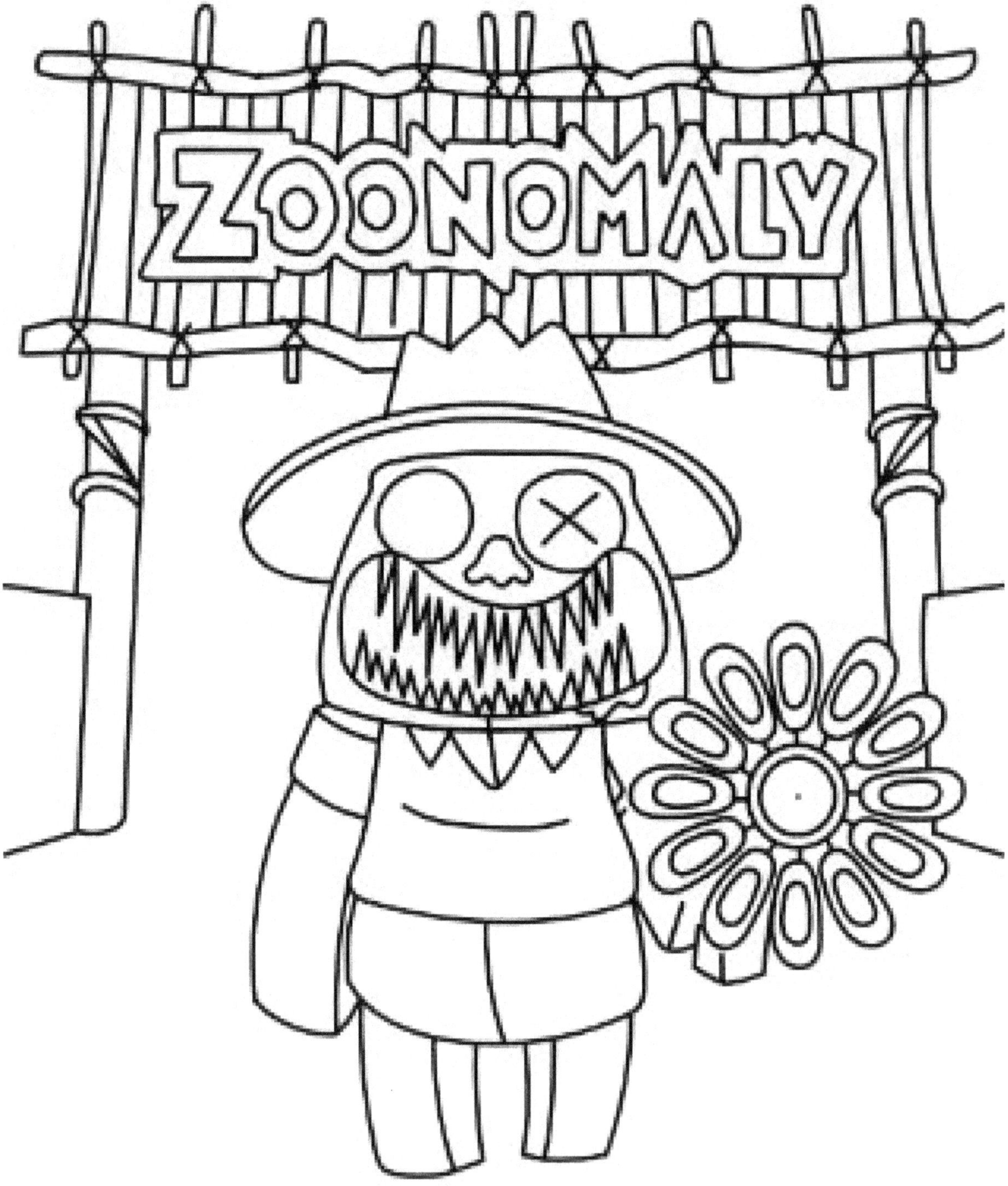
ZOONOMALY

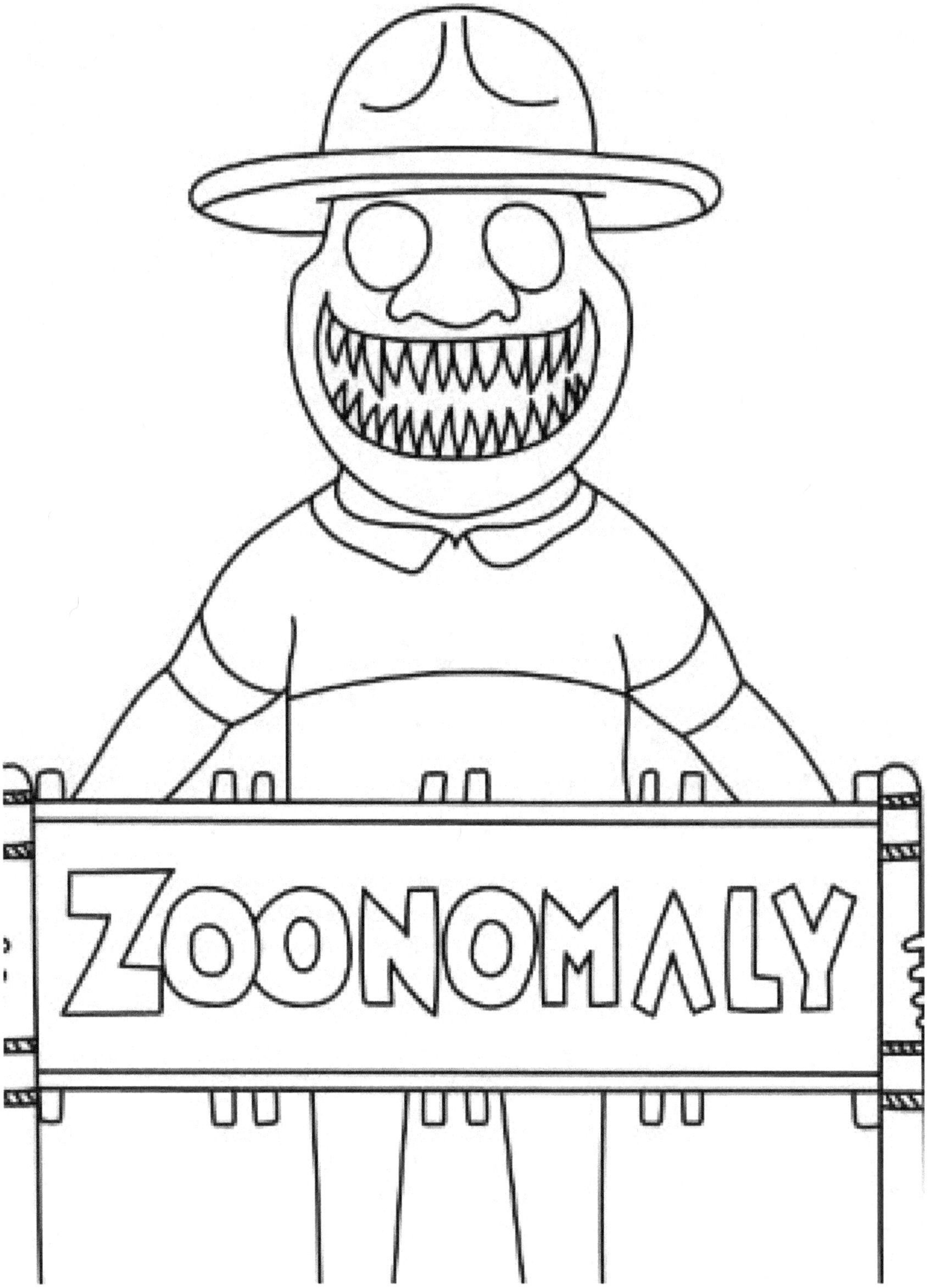
ZOONOMALY

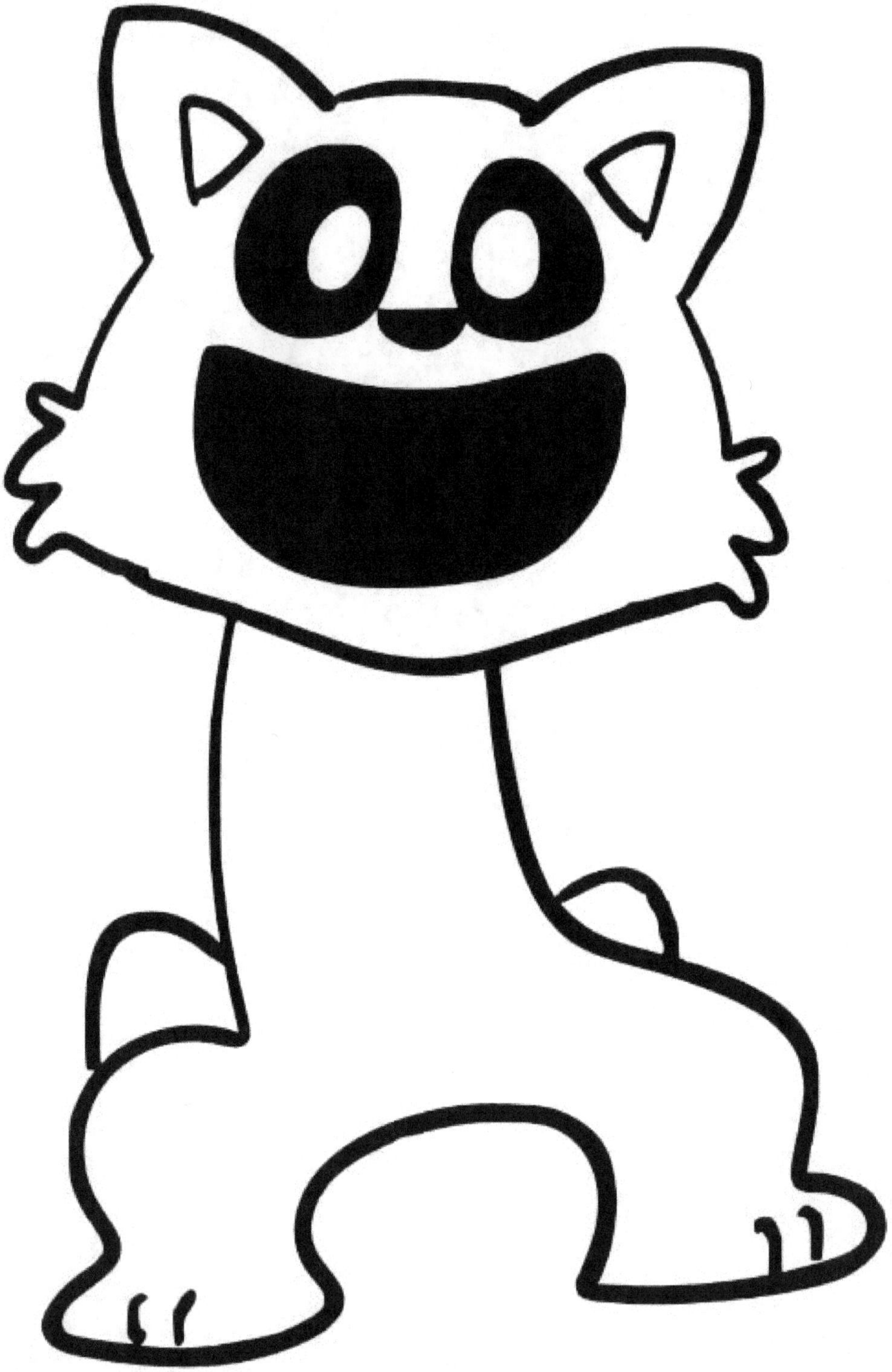

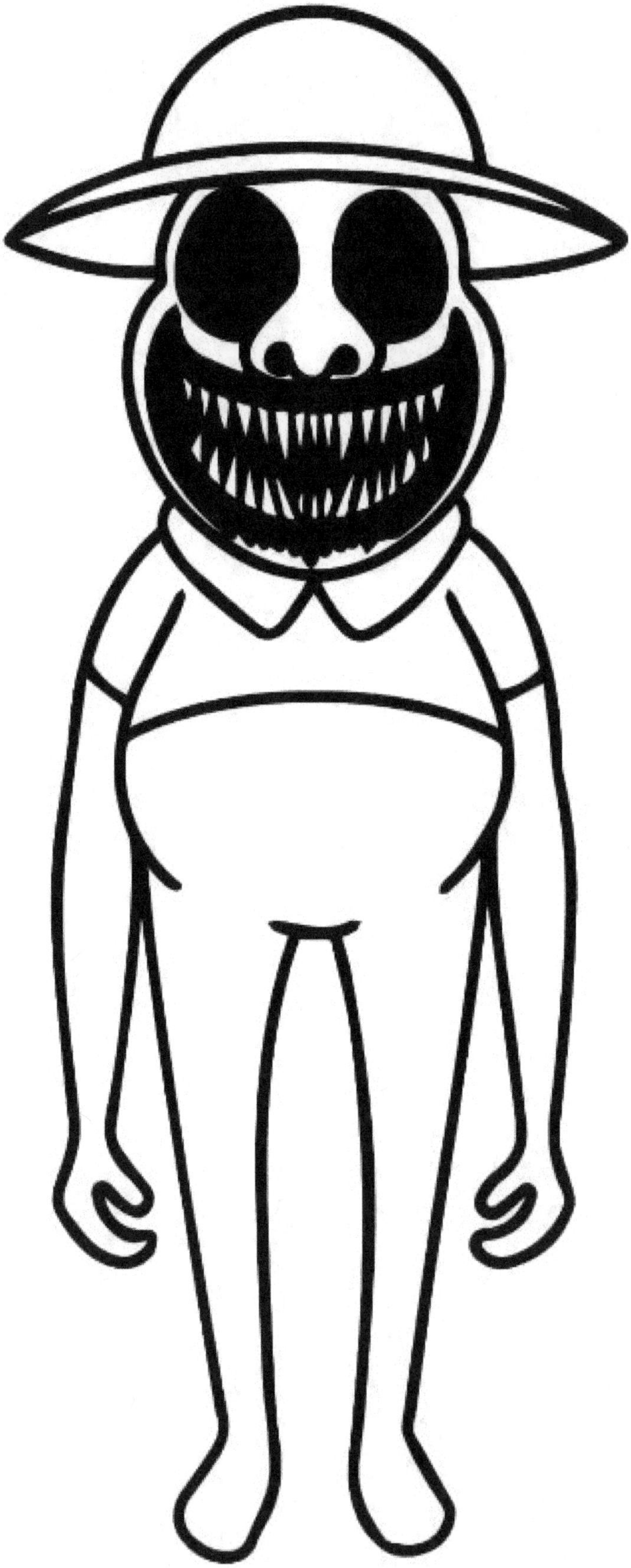

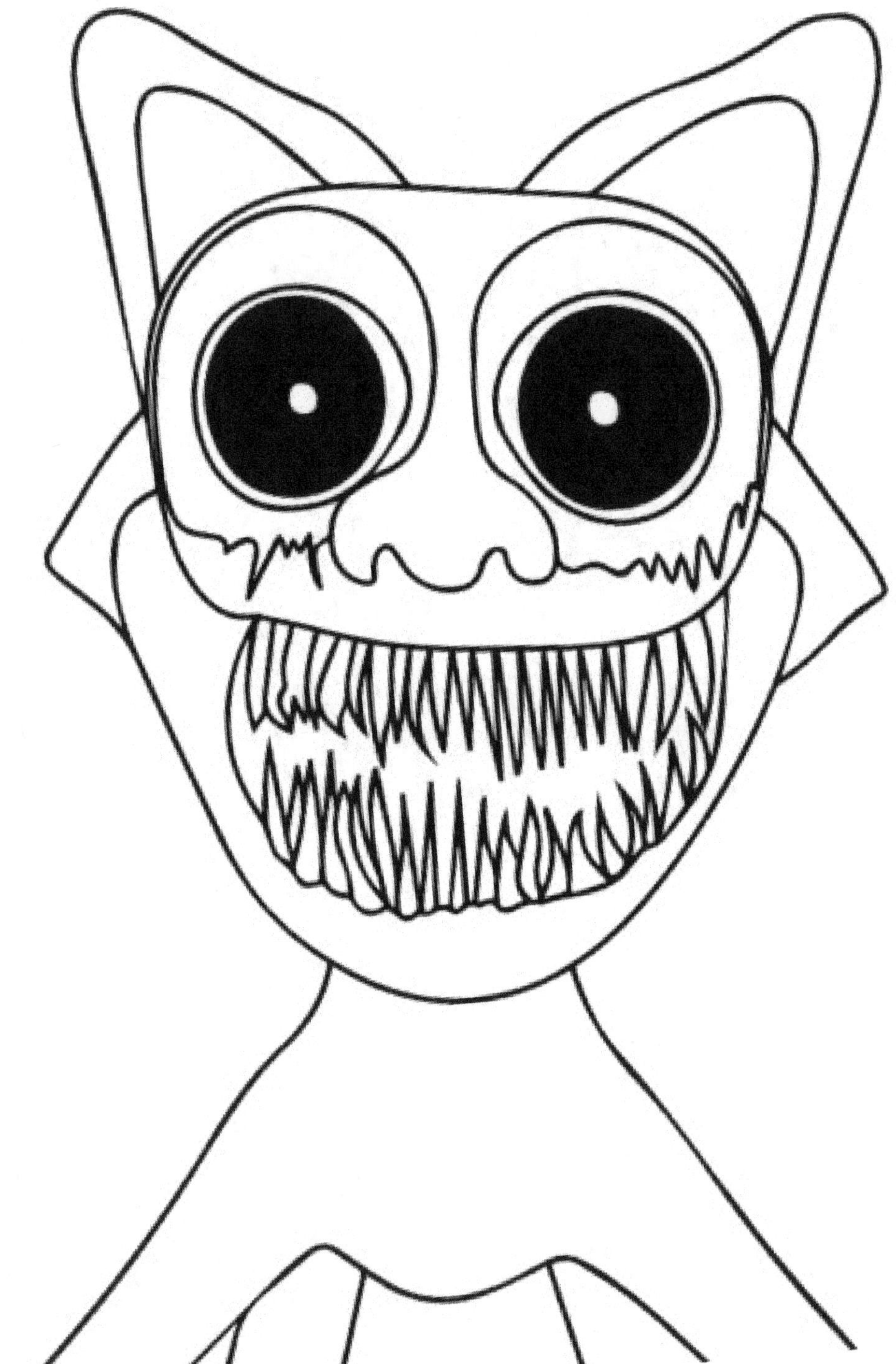

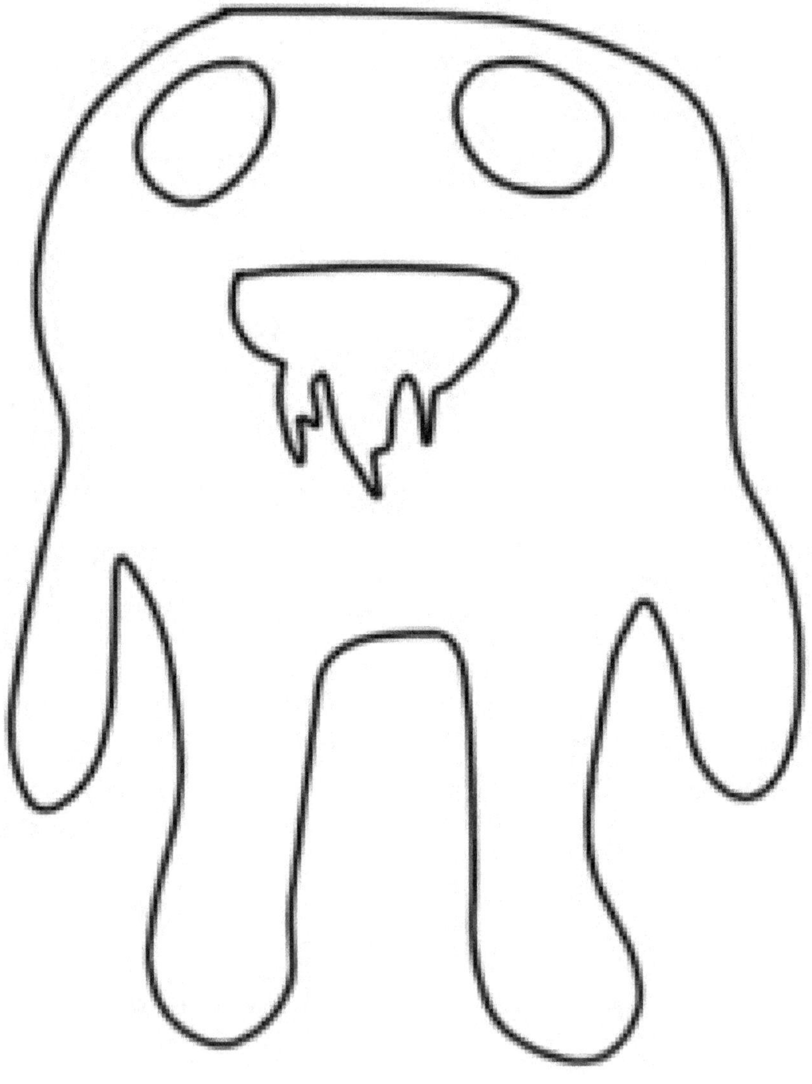

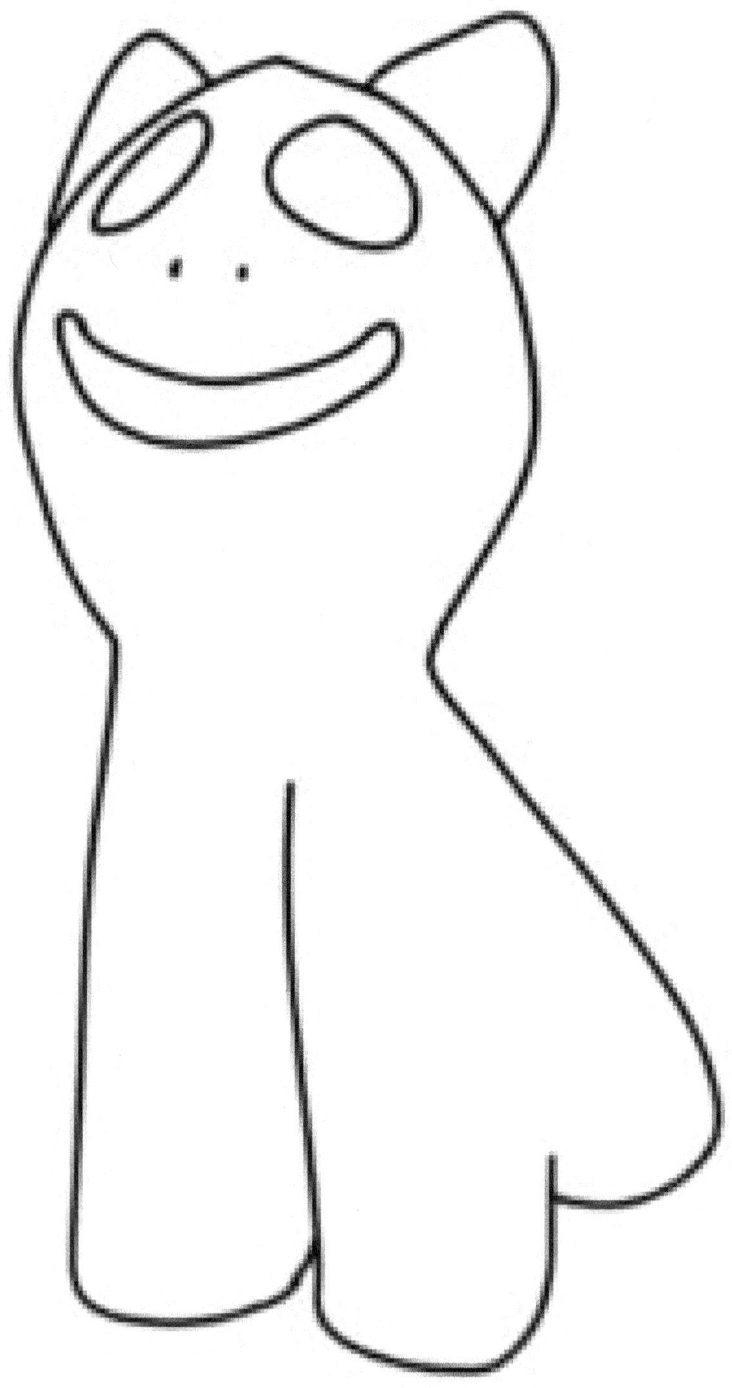

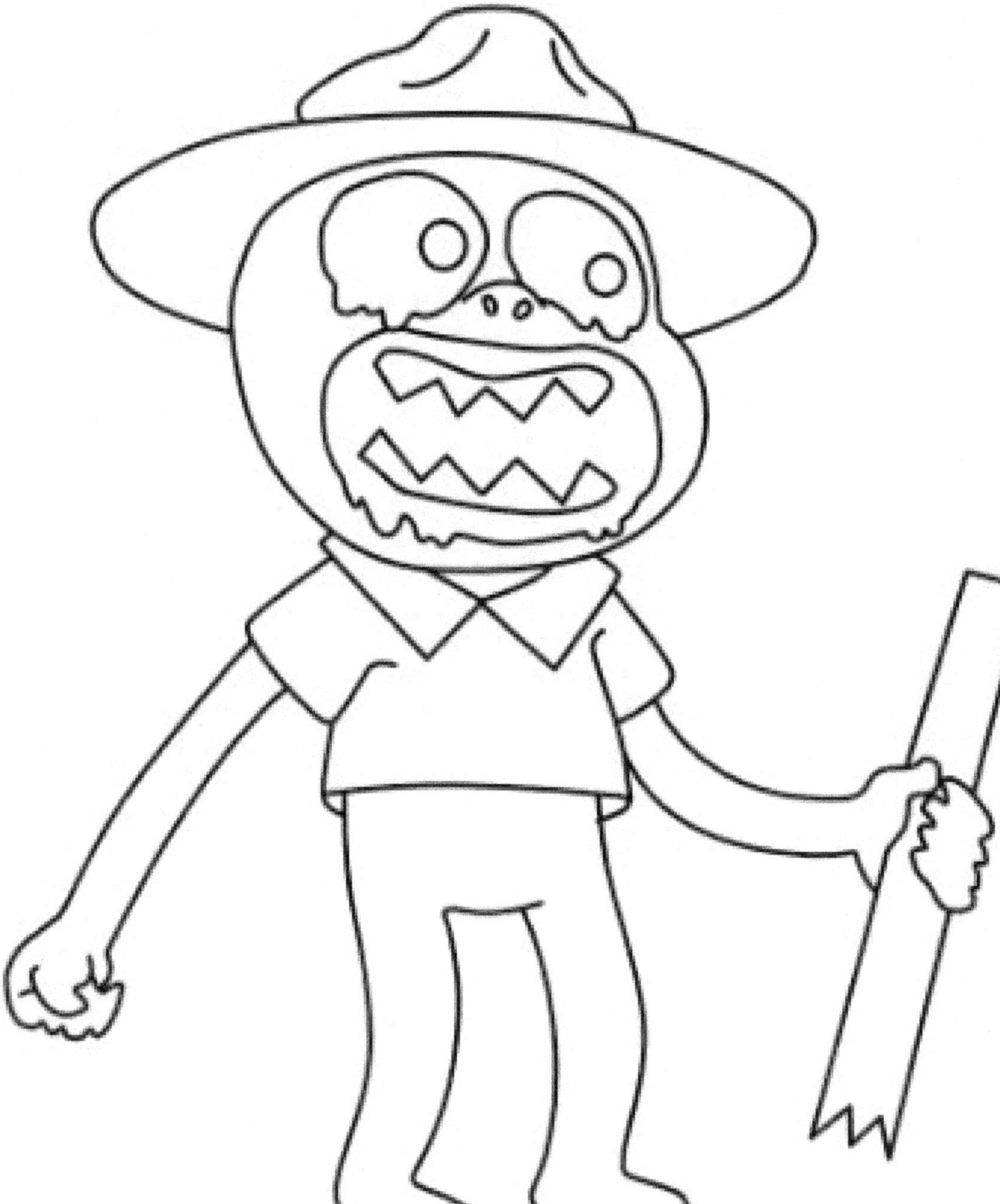

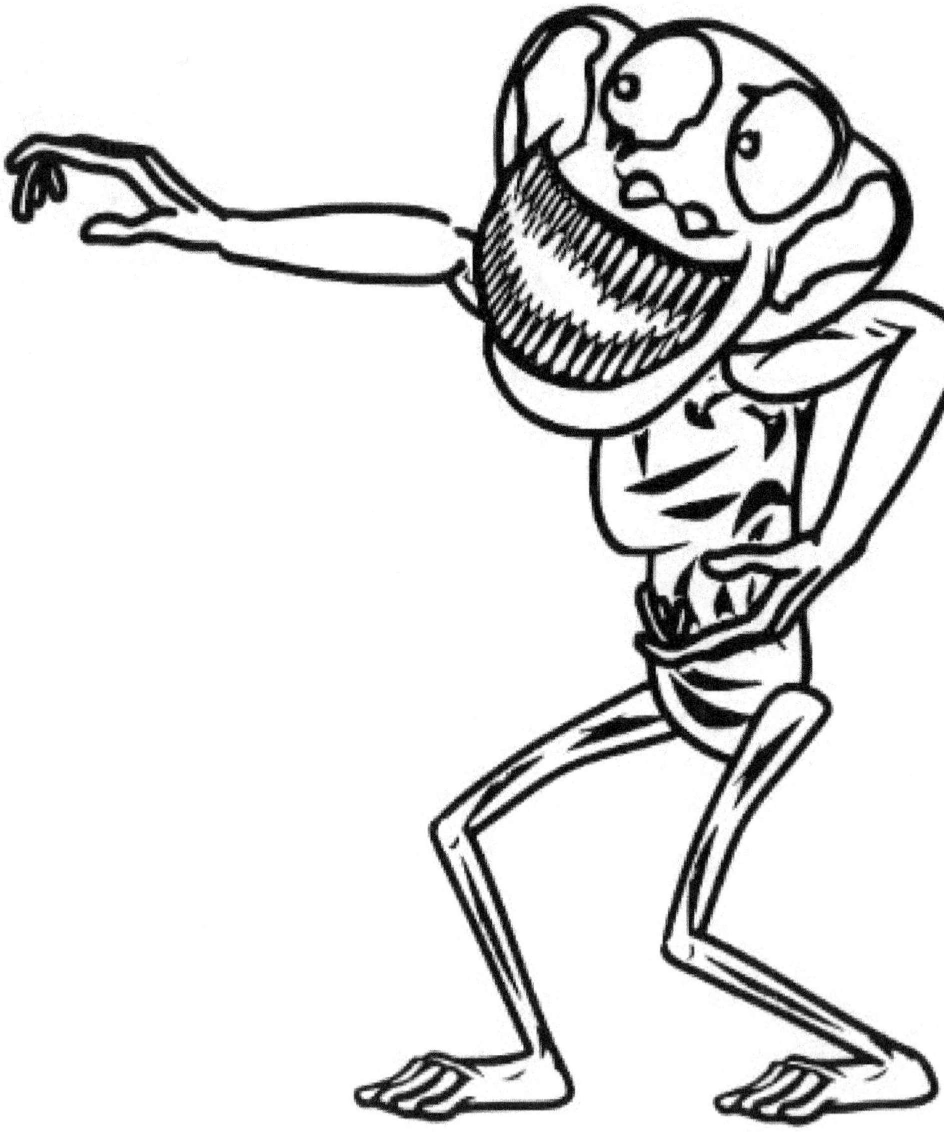

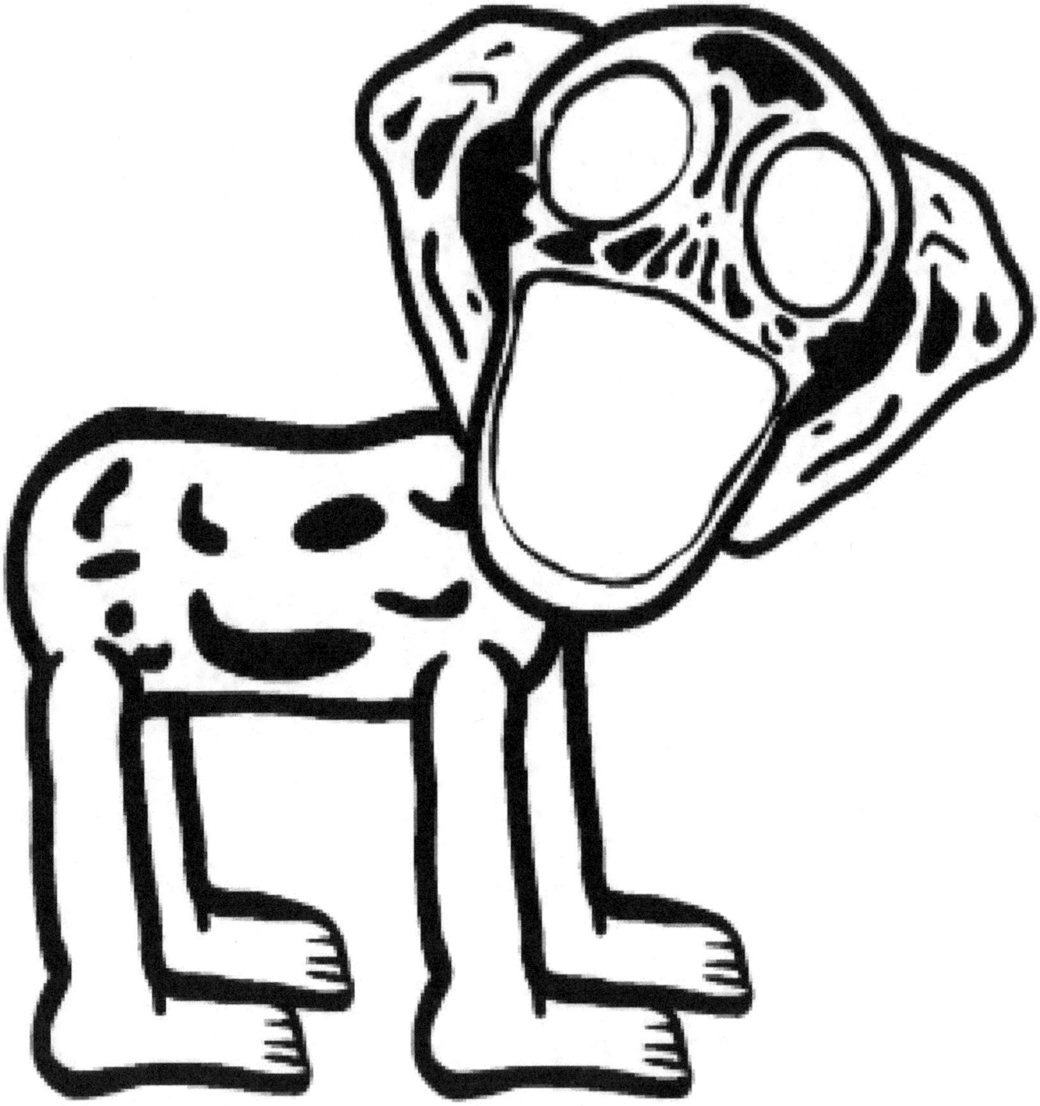

ZOONOMALY

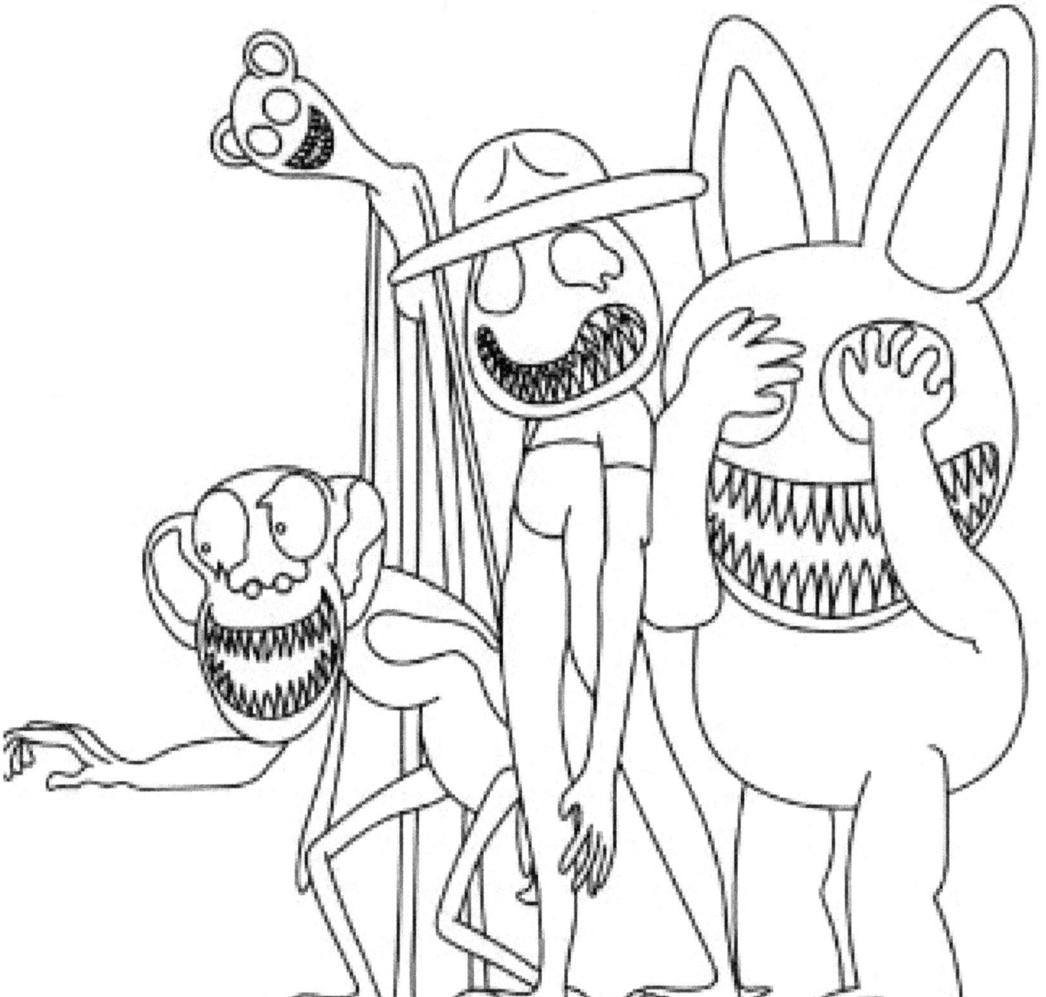

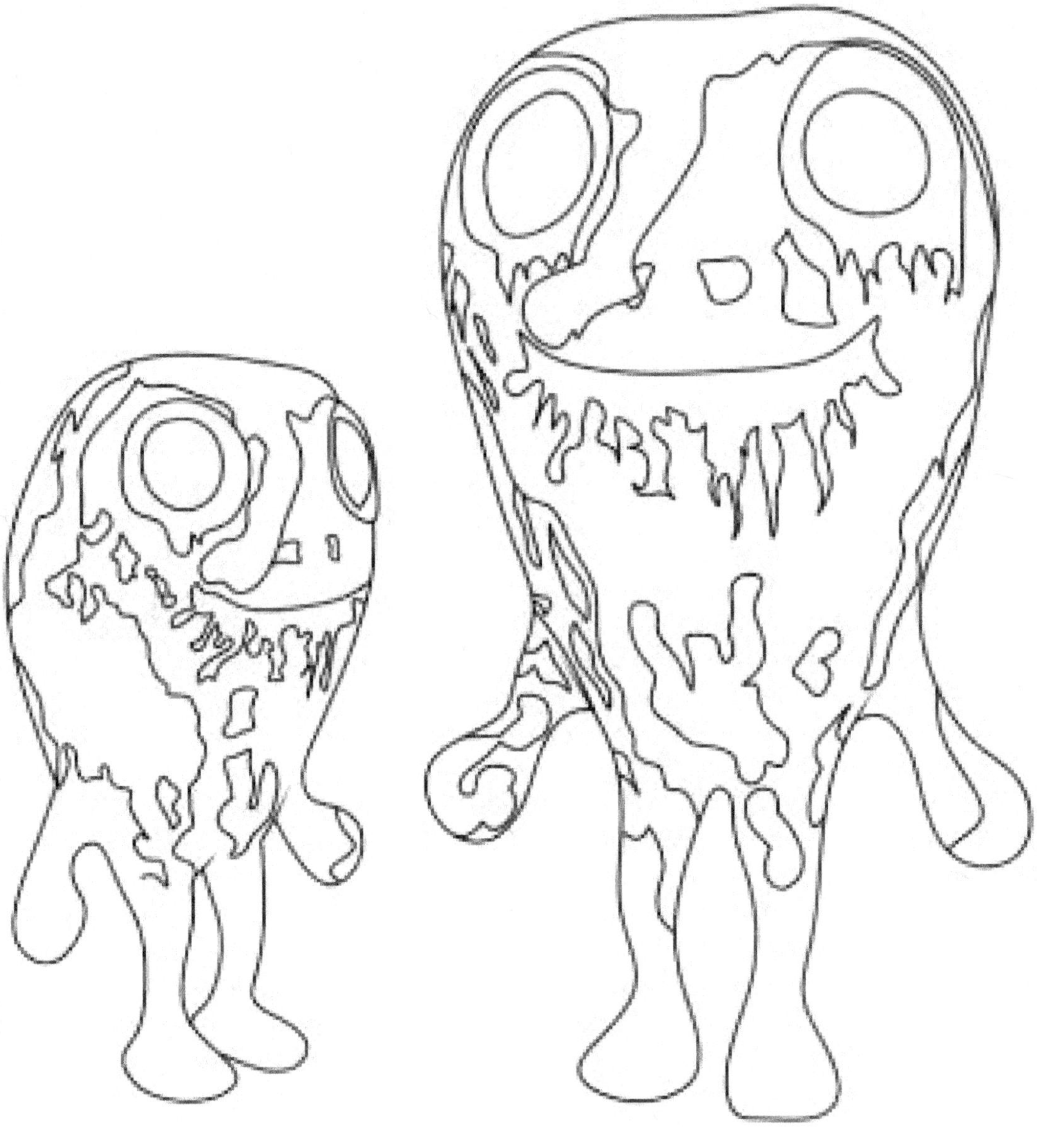

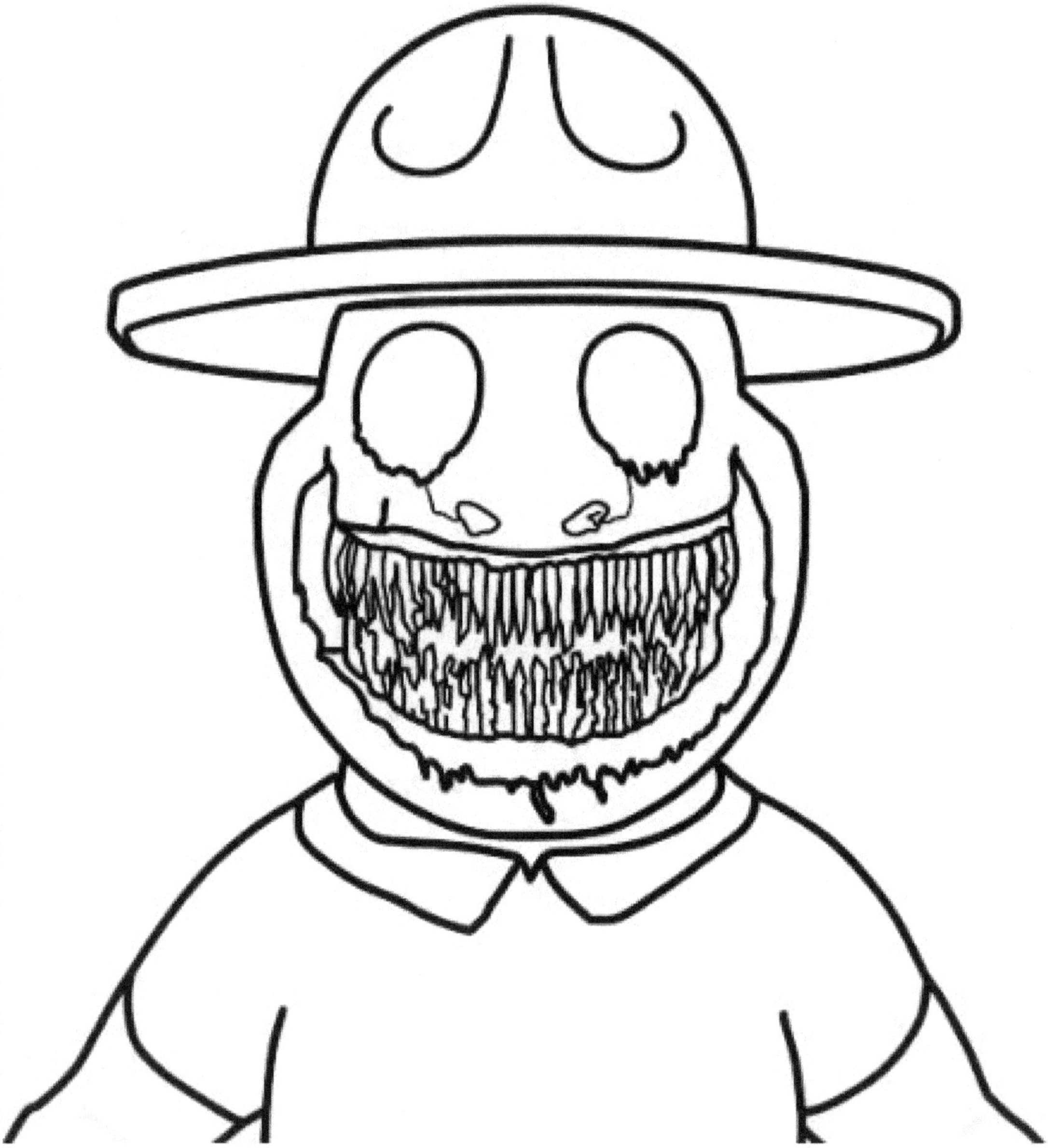

ZOONOMALY

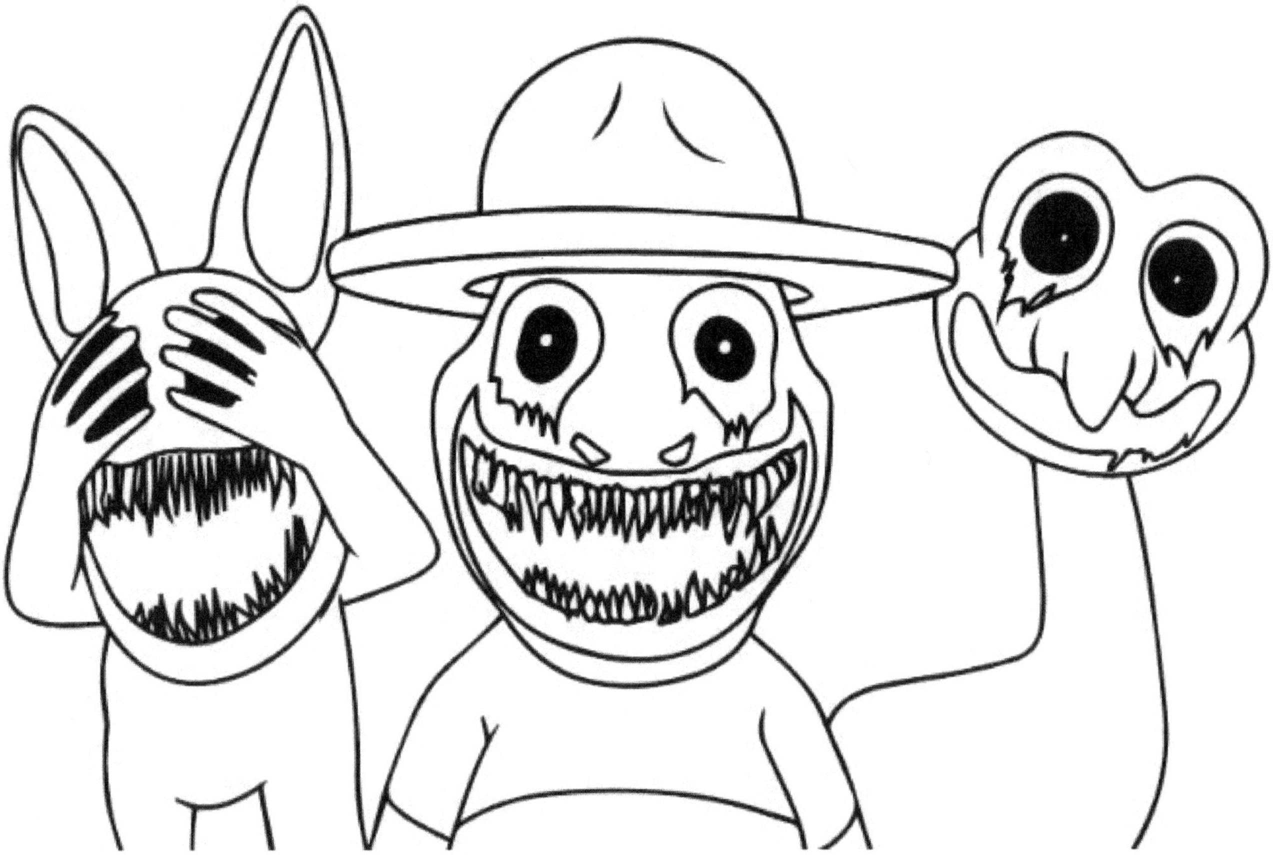

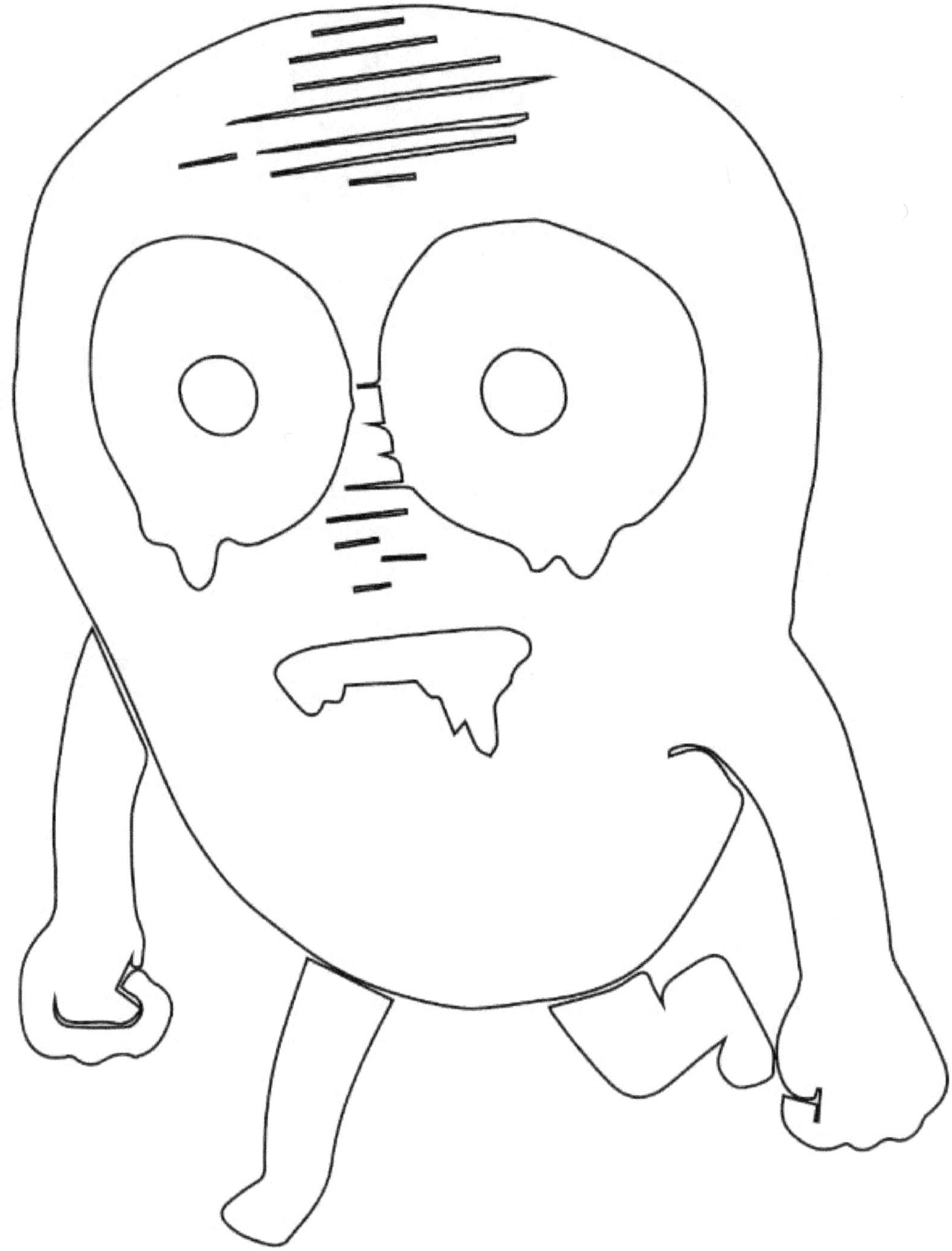

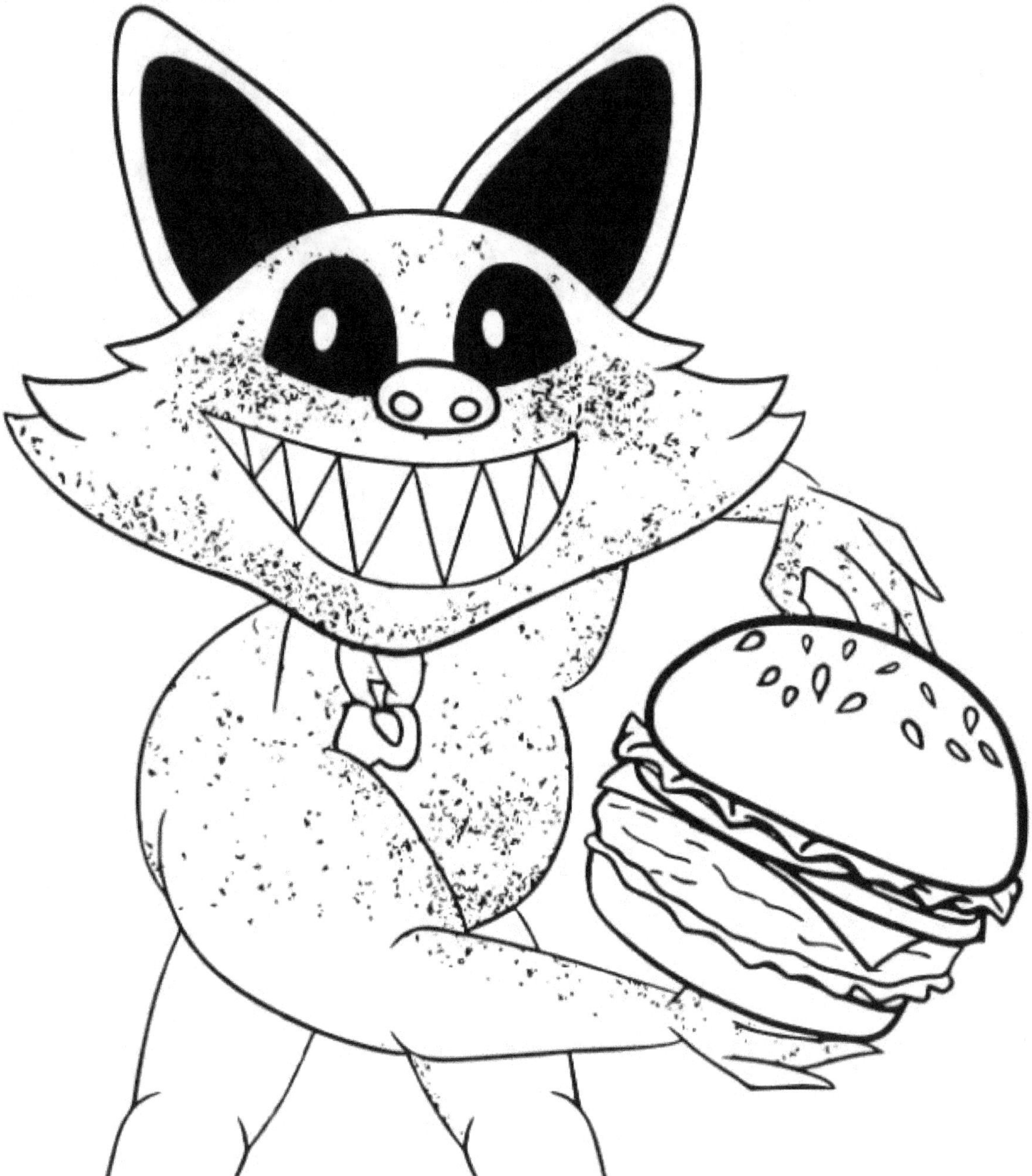

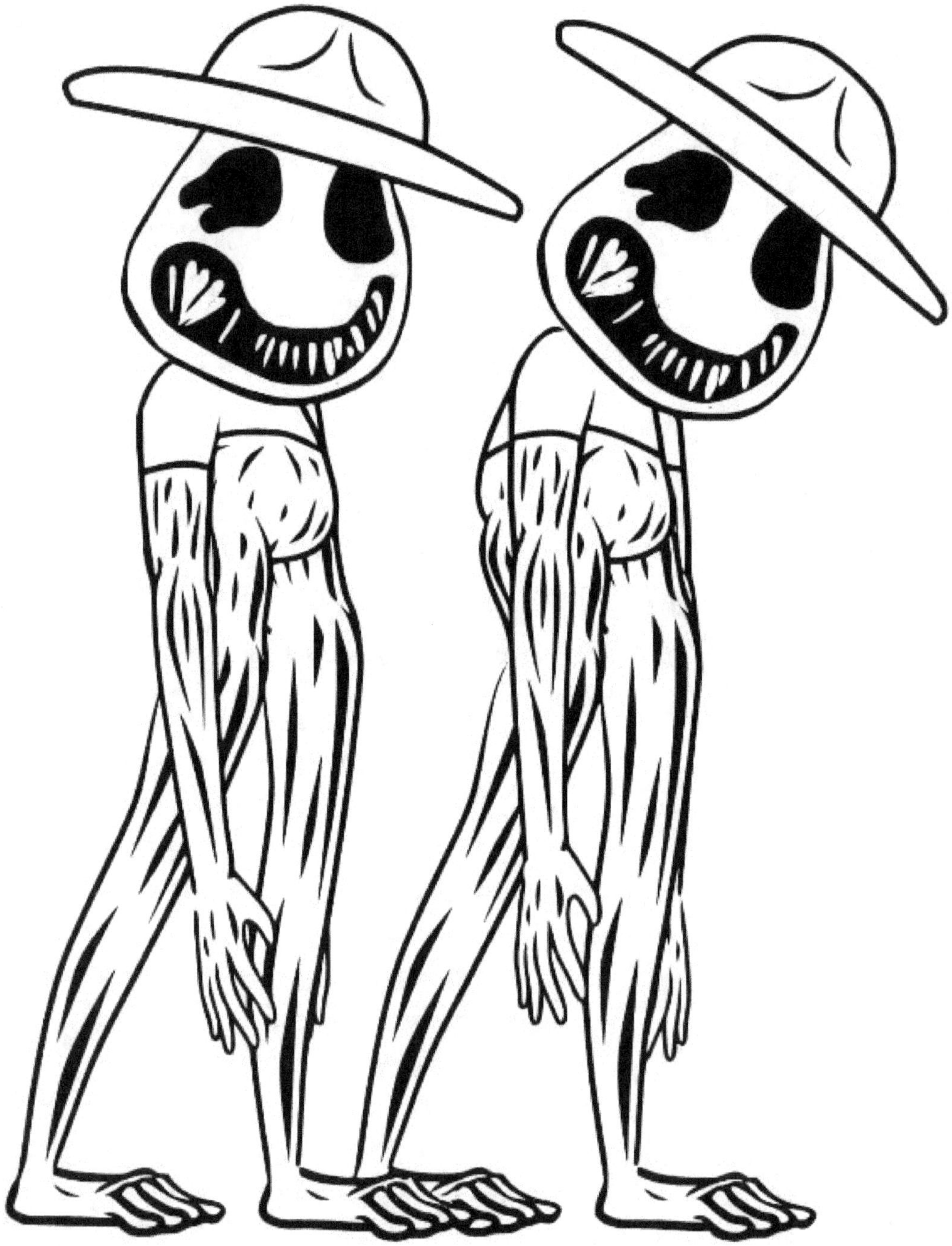

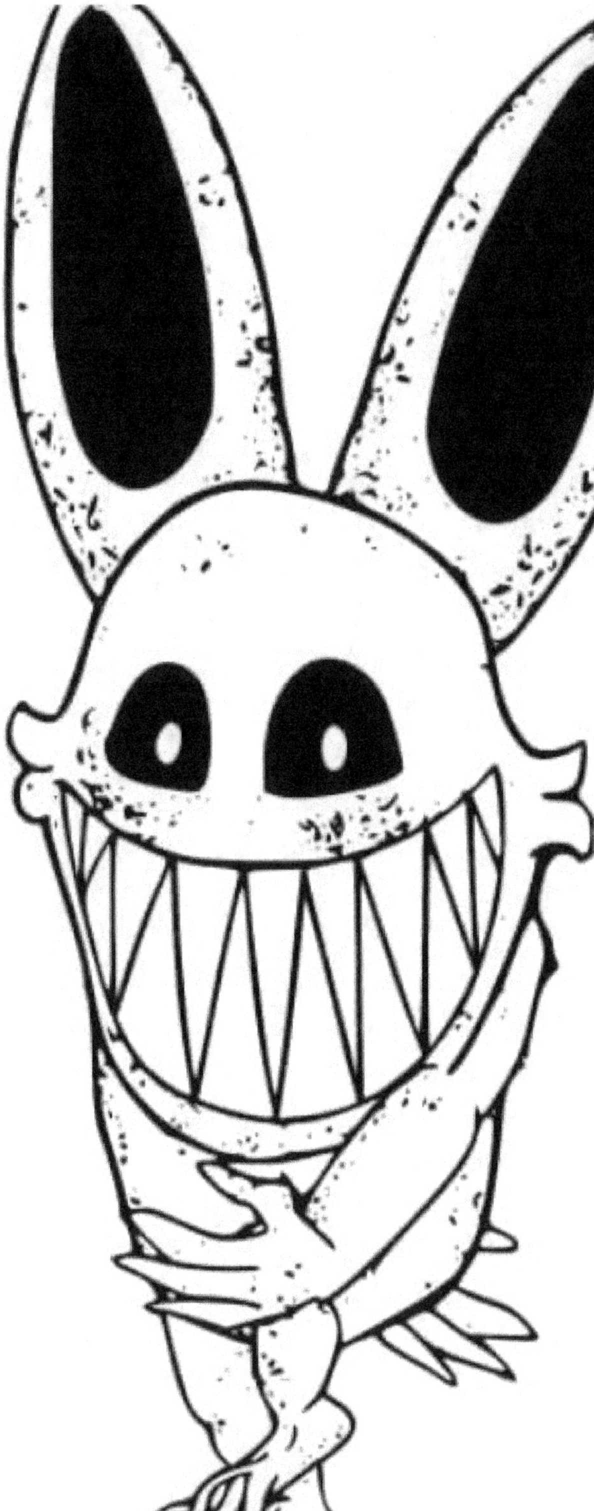

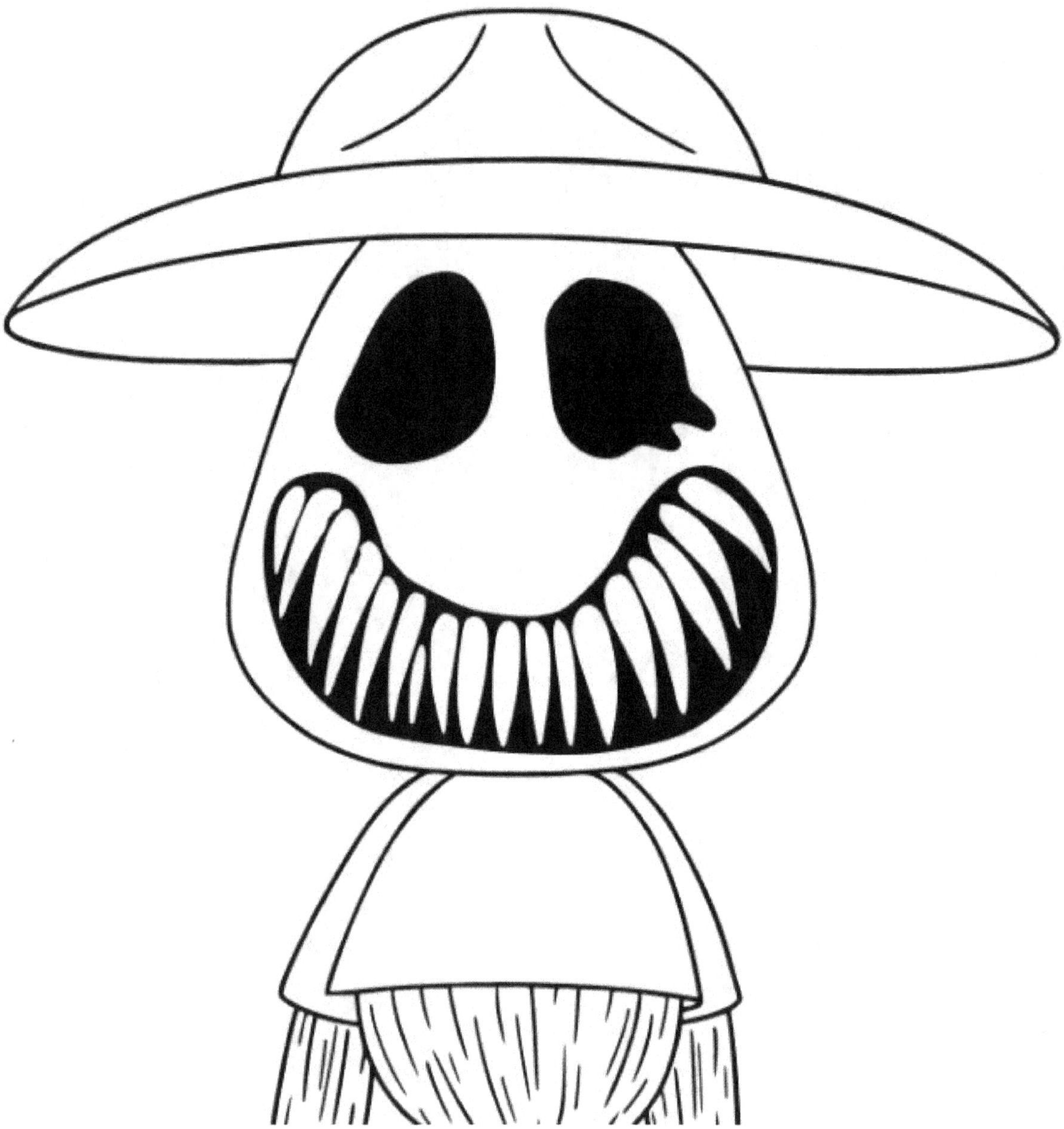

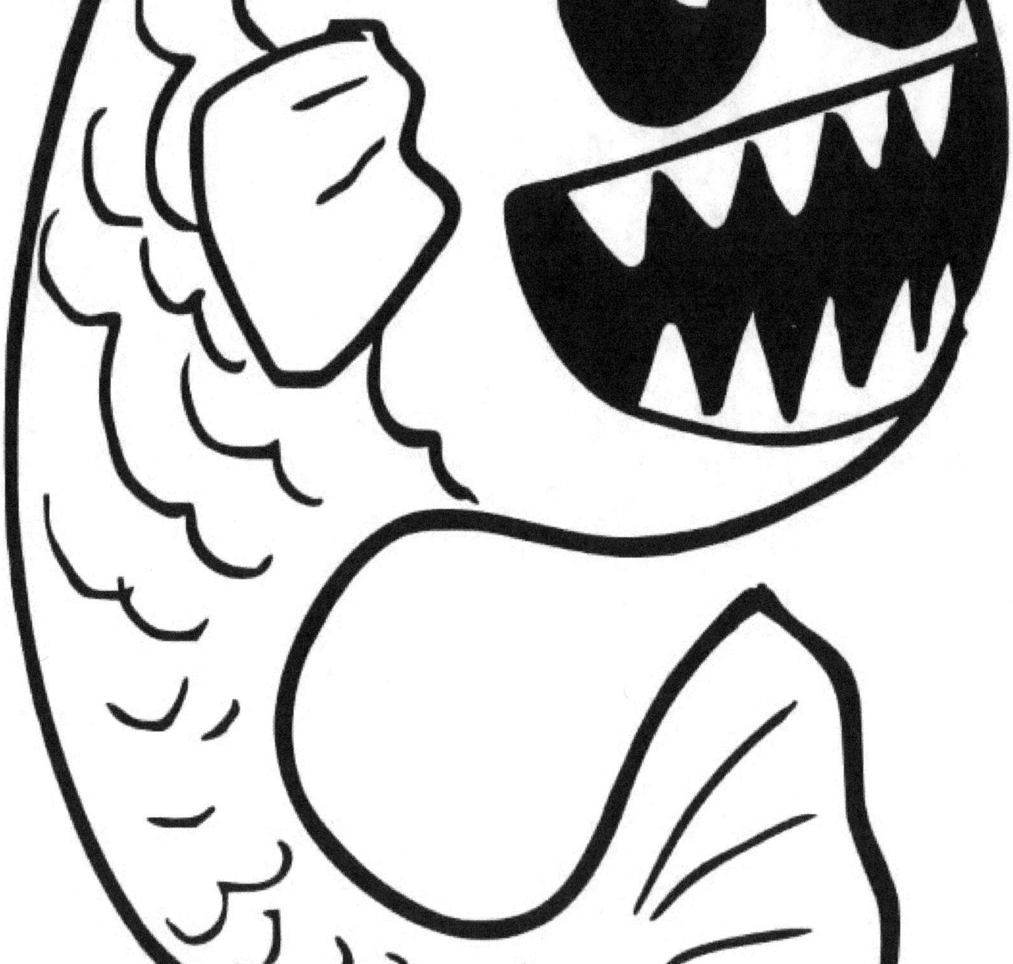

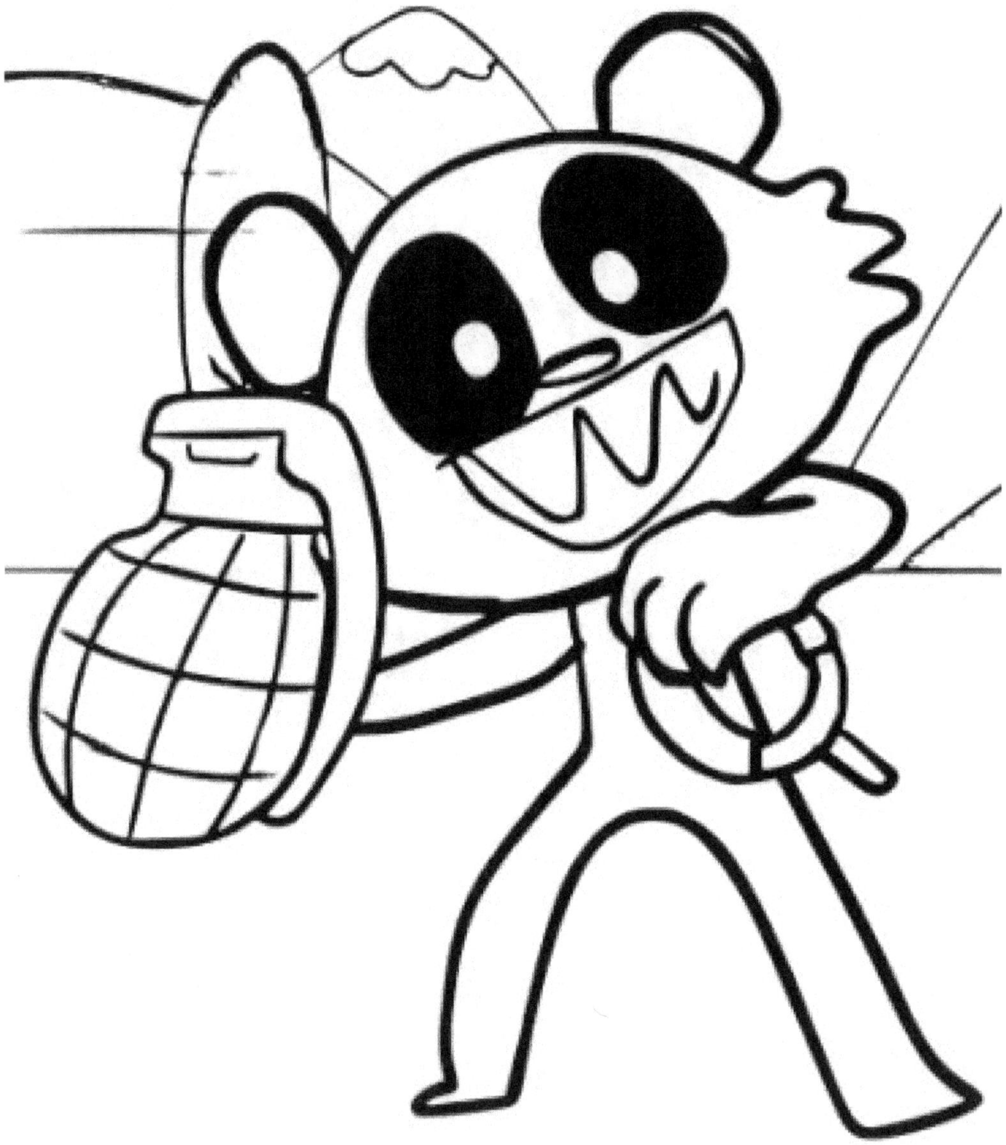

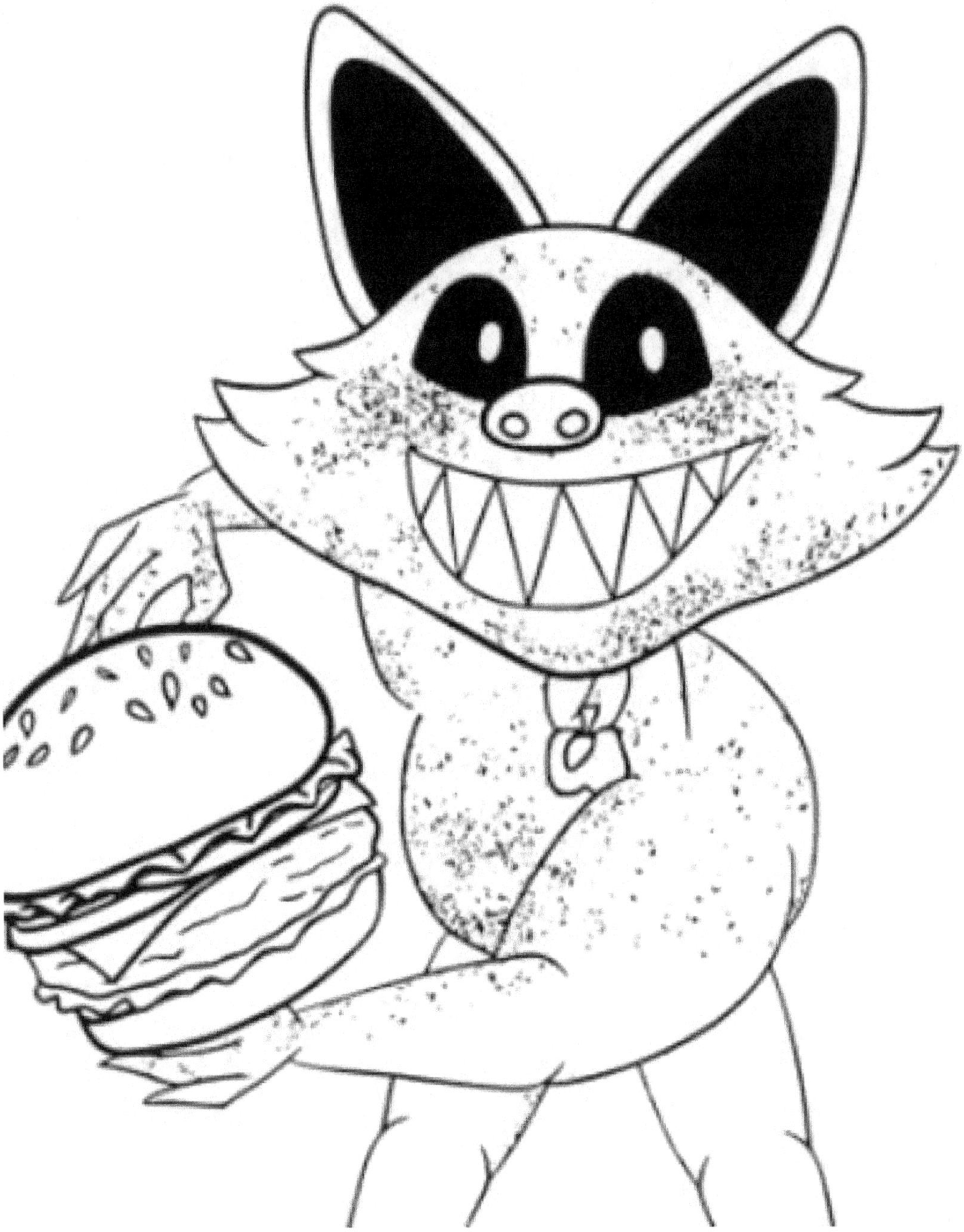

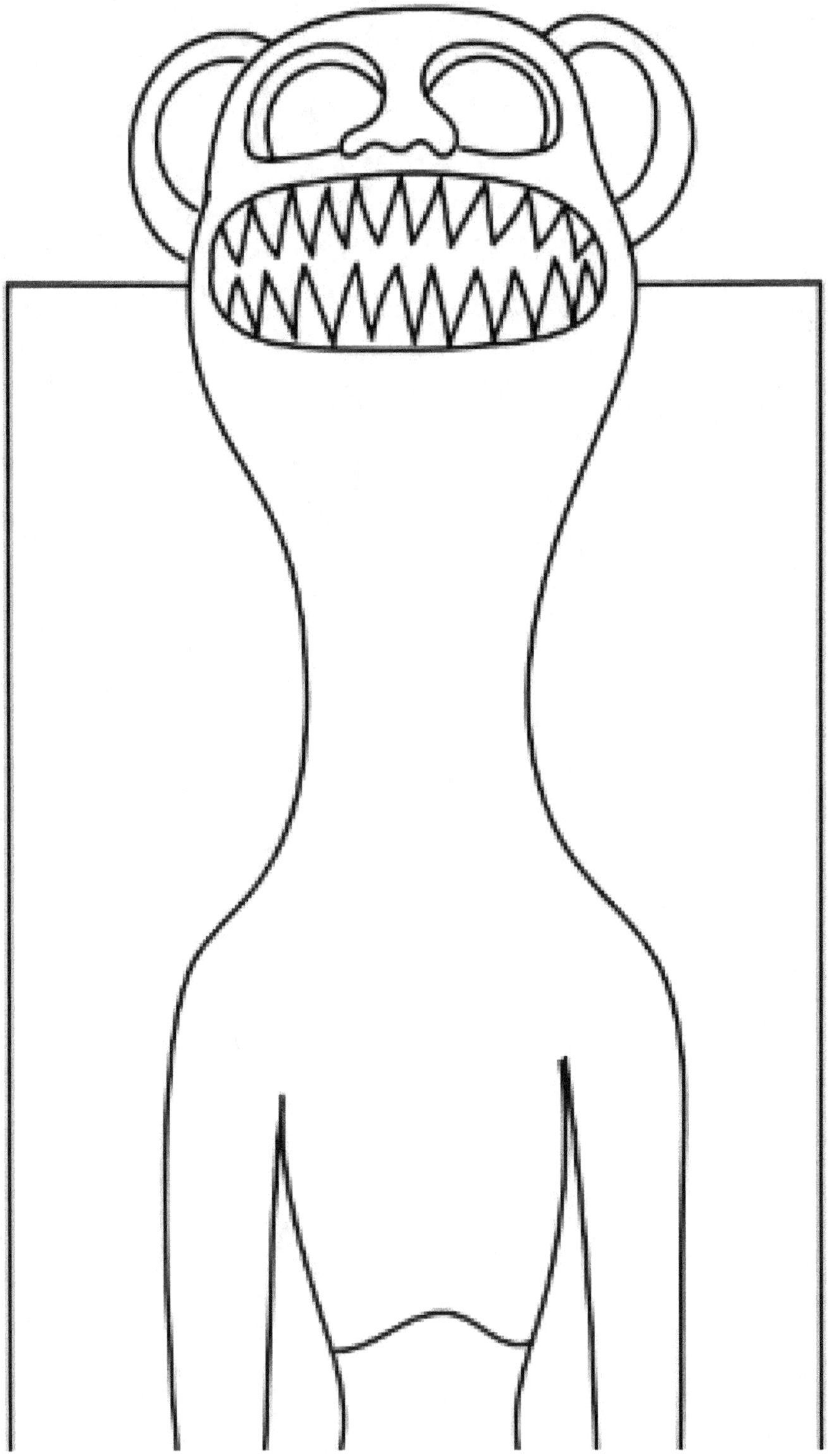

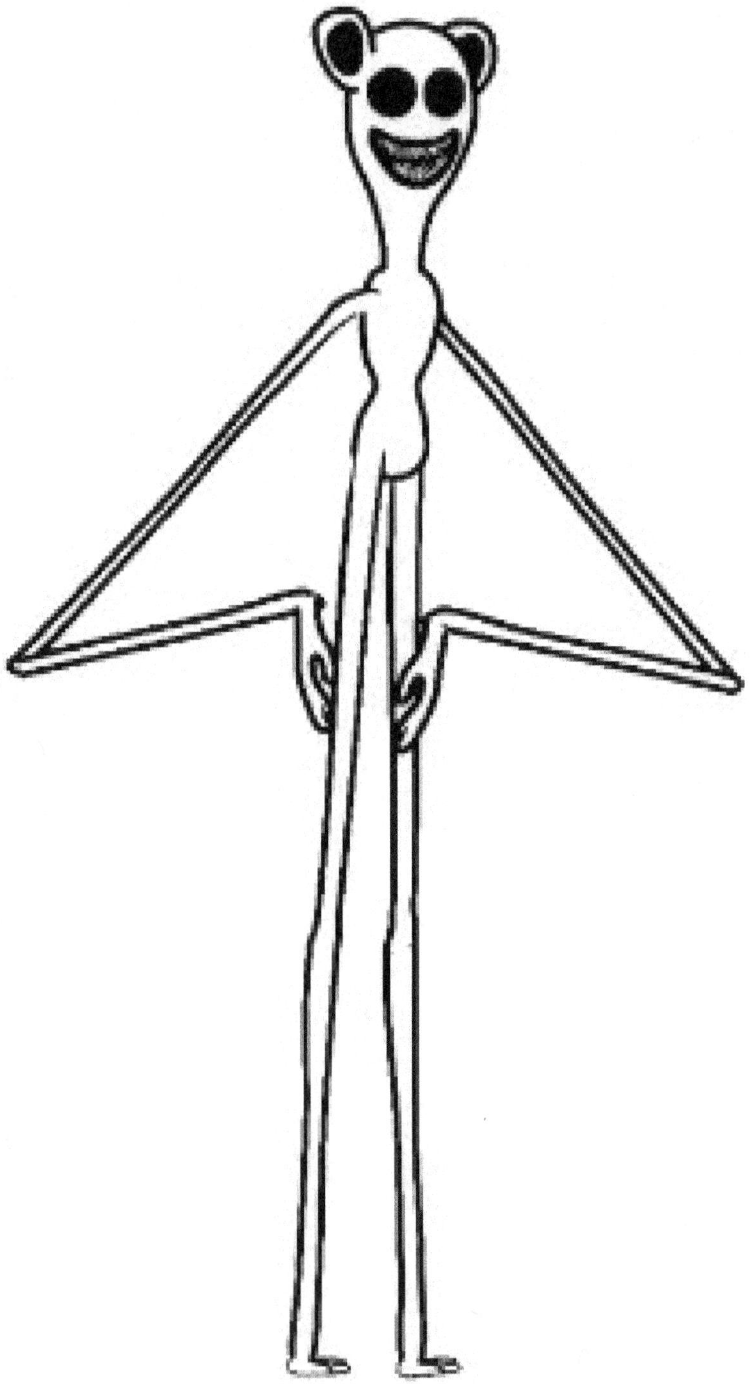

www.ingramcontent.com/pod-product-compliance
Lightning Source LLC
Chambersburg PA
CBHW062225220526
45471CB00009B/3355
9798323101849